Spannung und Sicherheit

Sicherheit beim Spannen von horizontalen Seilen

Michael Gruber, Ronny Wolf

Wichtiger Hinweis des Verlages: Der Verlag hat sich bemüht, die Copyright-Inhaber aller verwendeten Zitate, Texte, Bilder, Abbildungen und Illustrationen zu ermitteln. Leider gelang dies nicht in allen Fällen. Sollten wir jemanden übergangen haben, so bitten wir die Copyright-Inhaber, sich mit uns in Verbindung zu setzen.

Inhalt und Form des vorliegenden Bandes liegen in der Verantwortung des Autors.

Bibliografische Information Der Deutschen Bibliothek
Die Deutsche Bibliothek verzeichnet diese Publikation in der Deutschen Nationalbibliografie; detaillierte bibliografische Daten sind im Internet über http://dnb.ddb.de abrufbar.

ISBN 3-934 214-86-X

Verlag	ZIEL – Zentrum für interdisziplinäres erfahrungsorientiertes Lernen GmbH Neuburger Straße 77, 86167 Augsburg 1. Auflage 2003
Herausgeber der Reihe	Prof. Dr. Werner Michl, Annette Reiners, Prof. Dr. Jürgen Sandmann
Grafik und Layoutgestaltung	Petra Hammerschmidt, **alex media**, Gierstorfer & Ferstl GbR Heilig-Kreuz-Straße 24, 86152 Augsburg
Druck und buchbinderische Verarbeitung	Kessler Verlagsdruckerei Michael-Schäffer-Straße 1 86399 Bobingen

© Alle Rechte vorbehalten. Kein Teil dieses Buches darf in irgendeiner Form (Druck, Fotokopie oder einem anderen Verfahren) ohne schriftliche Genehmigung von ZIEL reproduziert oder unter Verwendung elektronischer Systeme verarbeitet, vervielfältigt oder verbreitet werden.

Inhaltsverzeichnis

Thema: Sicherheit

1.1 Mit Kompetenz an Sicherheit und Schonen von Daten
1.1.1 Grundsätzliches
1.1.2 Hardware
1.1.3 Normen
1.1.4 Anwender-Know-how, Stab und Daten
1.1.5 Formalien

1.2 Begleitende Maßnahmen
1.2.1 Standards der Datensicherung
1.2.2 Organisatorische Vorgehensweise

1.3 Rechtliches

1.4 Copyright, Urheberrecht und Lizenzen
1.4.1 Eingetragene Marken
1.4.2 Raubkopien

1.5 Computerviren, Spyware und dubiose Dateianhänge
1.5.1 Wo Schadcodes herkommen und wie Sie Programme laden
1.5.2 Verhalten bei Virenbefall; geeignete Gegenmittel

.........3

Inhaltsverzeichnis

Vorwort		11

1　Thema Sicherheit　13

1.1	Umfassende Sicherheit beim Spannen von Seilen	14
1.1.1	Konstruktionssicherheit	15
1.1.1.1	Redundanz	16
1.1.1.2	Normen	17
1.1.1.3	Material-Know-how, Statik und Physik	17
1.1.1.4	Kontrollen	17
1.1.2	Psychische Sicherheit	18
1.1.2.1	Kenntnis der TeilnehmerInnen	19
1.1.2.2	Klare Regeln, Vorgespräche	19
1.1.3	Persönliches Sicherheitsbewusstsein	20
1.1.3.1	Erfahrungen, Fortbildungen, Ausbildungen	20
1.1.3.2	Austausch	20
1.1.3.3	Sicherheitsgelenkte Planung, Aufbau, Anleitung und Durchführung von OD Aktionen	21
1.1.3.4	Gruppendruck	21
1.1.4	Rahmenbedingungen und deren Einschätzung	21
1.1.4.1	Vorausblickende Planung und flexible Programmgestaltung	22
1.1.4.2	Verfügbarkeit von Informationsquellen (Wetterbericht, ...)	22

2	Theoretische Beiträge	23
2.1	Allgemeines über Kletterseile und Statikseile	24
2.1.1	Seiltype	26
2.1.2	Höchstzugkraft und Dehnung	26
2.1.3	Mantelanteil	27
2.1.4	Mantelverschiebung	27
2.1.5	Fangstoß	28
2.1.6	Sturzzahl	28
2.1.7	Gebrauchsdehnung	28
2.1.8	Schrumpfung	29
2.1.9	Knotbarkeit	29
2.1.10	Verschmutzung	29
2.1.11	Kantenreißfestigkeit	29
2.1.12	Zusammenspiel der Parameter	30

Inhaltsverzeichnis

2.2	Seiltests im Labor	30
2.2.1	Kriterien	30
2.2.2	Knoten	32
2.2.3	Schmutz	32
2.2.4	Nässe	33
2.2.5	Alter	33
2.2.6	Verlässlichkeit der Herstellerdaten	34
2.2.7	Ein Seil sollte in folgenden Fällen ausgemustert werden	34
3	**Berechnungen von Spannungen am Seil**	35
3.1	Drei Berechnungsmöglichkeiten im Vergleich	36
3.1.1	Die Gruber-Wolf Formel	36
3.1.2	Die komplexe Formel	37
3.1.3	Die Prozent-Annäherung	38
3.1.4	Wo Fehler entstehen können	39
3.2	Seildehnung	40
3.3	1400 daN	40

3.4	Erheben der Daten – Niedrige Elemente	41
3.4.1	Was zur Berechnung notwendig ist	41
3.4.2	Vorgangsweise	41
3.5	Erheben der Daten – Hohe Elemente	43
3.5.1	Was zur Berechnung notwendig ist	43
3.5.2	Vorgangsweise	44
3.5.3	Fehler	44
3.6	Zur raschen Orientierung	45

4	**Belastungstests**	**47**
4.1	Belastungstests einer Seilbrücke	48
4.1.1	Ziele	48
4.1.2	Testaufbau	49
4.1.3	Messgeräte	50
4.1.4	Testablauf	51
4.1.5	Statische Spannungen am Seil unter Belastung – Messergebnisse	52
4.1.6	Interpretation der Daten	55

Inhaltsverzeichnis

4.2	Grundspannungen	56
4.3	Dynamische Belastung	57
4.3.1	Zusammenfassend	60

5 Reißtests — 61

5.1	Übungsaufbau	62
5.1.1	Daten der Maschine	63
5.1.2	Bruchwert/Maximalwert	63
5.2	Knoten	64
5.2.1	Der Achterknoten	65
5.2.2	Der Sackstich	67
5.2.3	Der Mastwurf (Weberleinenstek, Maurerstek)	68
5.2.4	Statikseile ohne Knoten	69
5.3	Bandschlingen	69
5.4	Reepschnüre	72
5.5	Wie Seile, Reepschnüre und Bandschlingen reißen	74

6	Übungsaufbau	77
6.1	Allgemeines	78
6.1.1	Rahmenbedingungen	78
6.1.2	Aufbau mit der Gruppe	78
6.1.3	Aufbau ohne Gruppe	79
6.2	Oft verwendete Elemente	80
6.2.1	Seilbrücke	80
6.2.2	Das V	80
6.2.3	Das Y	81
6.2.4	Der Chicken Walk	81
6.2.5	Das Z	82
6.2.6	Die Spinne	82
6.3	Variationen beim Material	83
6.3.1	Bandschlingen	83
6.3.2	LKW-Zurrgurte	83
6.3.3	High Tech	84

Inhaltsverzeichnis

6.4	Spannungsmethoden	85
6.4.1	Flaschenzug	85
6.4.1.1	Wie es nicht sein soll	85
6.4.1.2	Konstruktion mit Seilklemmen	86
6.4.1.3	Konstruktion mit Mastwurf	87
6.4.2	Seilspanner	88
6.5	Sicherheitshinweise, Sicherheitseinweisung bei Übungen	89
7	**Übungsbeispiele, Aufgaben**	91
7.1	Rechenbeispiele	92
7.2	Antworten	95
	Danksagung	96
	Autoren	96

Vorwort

Brücken schlagen die Verbindung zwischen zwei Ufern, sie sind viel besungen und umkämpft und tragen eine breitbandige Metaphorik in sich.

Die einfachste Verbindung zwischen zwei Punkten ist die Gerade und unter den Brücken ist es wohl die Seilbrücke, die tiefe Gräben, Schluchten und Klammen überspannt und dankbaren Wandersleuten, die sich durch sie einiges an Weg ersparen, einen ehrfürchtigen Blick abringt.

In der vielfältigen Landschaft des Outdoor-Trainings, bei erlebnispädagogischen Aktionen und der Freizeitpädagogik wird immer öfter das horizontal gespannte Seil zur Methode oder zum Mittelpunkt einer Aktion. Es gibt dazu in schriftlicher Form einiges an Veröffentlichungen und dieses Buch ist ein weiterer Beitrag, um in diesem Mikrokosmos der Seilbrücken- und Low Elements-BauerInnen[1] zu unterstützen, aufzuklären und Sicherheit zu geben.

In der Literatur kaum zu finden, und gleichzeitig unsere Motivation, mit den Recherchen für dieses Buch zu beginnen, sind die Daten und Fakten über die Kräfte, denen das Material beim Aufbau von „Low Elements"[2] oder „Low Events" und während der Übung auf diesen ausgesetzt sind.

---

[1] In diesem Buch werden männliche und weibliche Endungen jeweils durch ein großes I im Wort gleichzeitig dargestellt. Bei „einem/einer" „sein/ihr" etc... ist der Einfachheit halber immer die weibliche Form gewählt, angesprochen sind allerdings beide Geschlechter.

[2] Immer mehr TrainerInnen im sozialen und wirtschaftlichen Bereich verwenden für ihre Übungen als Methode sogenannte „low elements" oder „low events". Meist werden Statikseile oder Stahlseile zwischen Bäumen im Wald oder auf eigens dafür gebauten Anlagen in einer Höhe von 40 – 60 cm in Form von verschiedenen Figuren gespannt, die TeilnehmerInnen absolvieren darauf Gruppenübungen und Problemlösungs- und Kooperationsaufgaben.

Vorwort

Dieses Buch hat das Ziel, mehr Sicherheit beim Spannen von horizontalen Seilkonstruktionen zu schaffen und es unterstützt Menschen, die, aus welcher Motivation auch immer, diese Konstruktionen bauen.

Dazu liefert das Buch nicht nur die theoretischen Grundlagen, sondern fasst auch die Ergebnisse unserer praktischen Untersuchungen der letzten Jahre zusammen. Die LeserIn wird also skeptischen Fragen von TeilnehmerInnen und KollegInnen bezüglich Sicherheit von Seilkonstruktionen fundiert und auf unterschiedlichen Ebenen entgegentreten können.

Konkret behandelt das Buch die Frage, welche Kräfte beim Spannen von Statikseilen auftreten und wie sich vertikale Belastungen, wie sie zum Beispiel durch Personen entstehen, die auf dem Seil gehen, auf das Seil und die Verankerungspunkte auswirken.[3]

Neben einem allgemeinen Teil über Seile und die auf sie einflussnehmenden Faktoren bietet dieses Buch außerdem eine Methode an, wie sehr schnell, einfach und mit wenigen Hilfsmitteln eine genaue Überprüfung der momentanen Seilspannung durchgeführt und damit mehr Sicherheit beim Spannen von waagrechten Seilen gewonnen werden kann.

---

[3] Mit diesem Text übernehmen Autoren und Verleger keine Haftung für eine unsachgemäße Verwendung von Seilen.

Thema Sicherheit

Thema Sicherheit

1

1 Thema Sicherheit

Die absolute Sicherheit ist eine wichtige Vision vieler Outdoor-TrainerInnen oder anderer Menschen, die mit gespannten Seilen arbeiten.

Eine Vision ist allerdings wie ein Leuchtturm: Er zeigt den Schiffen die richtige Richtung an, bleibt jedoch immer unerreichbar. So ist es auch mit Visionen wie der absoluten Sicherheit. Wir werden sie niemals erreichen können. Was aber ganz sicher im Bereich des Möglichen liegt, sind hohe Sicherheitsstandards und das Ziel, der KundIn, KlientIn oder TeilnehmerIn höchstmögliche Sicherheit als Teil eines umfassenden Outdoorkonzeptes anzubieten. Mit hohen Sicherheitsstandards kann schließlich nicht nur in der Automobilindustrie wirksame Werbung gemacht werden.

1.1 Umfassende Sicherheit beim Spannen von Seilen

gliedert sich in:

- Konstruktionssicherheit
- Psychische Sicherheit
- Persönliches Sicherheitsbewußtsein
- Rahmenbedingungen und deren Einschätzung

Die hier angegebenen Parameter beschreiben die Bandbreite eines sinnvollen Sicherheitskonzeptes für Low Elements. Wie es in der vorliegenden Form aufgeschrieben ist, versteht es sich als Leitfaden, um kombiniert mit eigenen Überlegungen ein persönliches Sicherheitskonzept erstellen zu können. Es ist kein für sich stehendes Sicherheitskonzept, strebt aber danach, die Bandbreite der Überlegungen zu öffnen.

In diesem Buch wird aus diesen umfassenden Sicherheitsthemen ausschließlich das Segment der Konstruktionssicherheit behandelt. Die psychische Sicherheit, das persönliche Sicherheitsbewusstsein und die Rahmenbedingungen und deren Einschätzung werden in diesem Kapitel zum Zwecke der Übersichtlichkeit gestreift, denn dazu gibt es auch schon einiges an Fachliteratur[4] und jedes dieser Themen alleine birgt eine Fülle an Fragen und Diskussionen, die weitere Bücher füllen könnten.

1.1.1 Konstruktionssicherheit

Zur Konstruktionssicherheit gehört der sichere Aufbau und Abbau von Übungen, die richtige Einschätzung, welche Sicherheitssysteme am wirksamsten sind, die korrekte Verwendung der Materialien und das Wissen um den Zustand der Materialien.

Viele Unfälle im Outdoorbereich passieren den TrainerInnen selbst. Möglicherweise ist man ohnehin schon zu spät, wurde im Stau aufgehalten oder hat in der Mittagspause durch ein Gespräch mit einer TeilnehmerIn nun zu wenig Zeit, um die Übung noch rasch aufzubauen. Das sind jene Momente, wo es ein wenig hektischer wird und wo die Unfallgefahr drastisch steigt. In solchen Situationen ist es unbedingt notwendig, besonders auf die eigene Sicherheit zu schauen, auf keine Sicherheitssysteme zu verzichten, um Zeit zu sparen und möglicherweise den Beginn des Programmes zu verschieben.

Die Seilkonstruktion muss nach dem Aufbau unbedingt von einer zweiten Person kontrolliert werden. Das Vier-Augen-Prinzip (Buddy Check) hilft hier Fehler zu vermeiden. Überprüft werden sollten auf jeden Fall:

1. Knoten
2. Karabiner, Verschlusssysteme
3. Verankerungen
4. Untergrund, Verletzungsrisiken (Steine, Wurzeln, Äste entfernen)

---

[4] Empfehlenswert dazu ist das Buch „Zero Accident" von Walter Siebert

1.1.1.1 Redundanz

Wenn eine Konstruktion als redundant bezeichnet wird, so gibt es zwei von einander unabhängige, vollwertige Sicherungssysteme. Fällt eines aus, übernimmt das andere die volle Sicherung. Tritt diese Situation ein, muss die Übung abgebrochen werden, um die Redundanz wieder herzustellen. Redundanz ist ein absolutes Muss, wenn es um die Sicherheit von Menschen geht. Wir raten davon ab, Ropes Course-Anlagen[5] zu verwenden, die aufgrund ihrer Konstruktion ein redundantes Arbeiten nicht möglich machen.

Redunante Sicherung

---

[5] Hochseilgarten-Anlage: Masten oder Bäume, zwischen denen in 6 – 12 Meter Höhe meist Stahlseile gespannt sind und die zu verschiedenen Zwecken bei Teamtrainings, Kommunikationsseminaren, Incentives, ... als Gruppen-, Paar- oder Einzelübung verwendet werden.

1.1.1.2 Normen

Wo es um Sicherheit geht, gibt es Normen. Sie legen fest, welche Mindeststandards ein bestimmtes Material oder eine Konstruktion erfüllen müssen, um die Sicherheit zu gewährleisten. Die Association for Challenge Course Technology[6] und die German Ropes Course Association[7] hat Bau- und Betreiberstandards für mobile und stationäre Ropes Course Anlagen herausgegeben, und beim Technischen Überprüfungsverein lassen sich ebenfalls Normen zu verschiedenen Konstruktionen (z.B. Spielplatzbau) erfragen. Auch die Materialien wie Statikseile, Karabiner, Bandschlingen und verschiedene Sicherungssysteme unterliegen Normen und diese sind beim Hersteller oder beim Vertrieb zu erfragen. Sie beschreiben zum Beispiel Mindestbruchlasten oder Dehnungsfaktoren.

1.1.1.3 Material-Know-how, Statik und Physik

Beim Aufbau von Konstruktionen mit gespannten Seilen kommt dem Wissen über das verwendete Material eine besondere Bedeutung zu. Um die Belastbarkeit richtig einschätzen zu können, braucht es einerseits die vom Hersteller zur Verfügung gestellten Werte, andererseits eine Möglichkeit der Überprüfung, wie nahe man schon an die Belastungsgrenzen herangekommen ist.

Zu beachten ist allerdings, dass die Angaben der Hersteller unter optimalen Laborbedingungen erzielt wurden und es eine Vielzahl an Faktoren gibt, die diese Belastungswerte schmälern.

Dieses Buch wird helfen, in diesem Punkt bessere Einschätzungen möglich zu machen.

1.1.1.4 Kontrollen

Das Vier-Augen-Prinzip ist aus Sportarten wie Klettern oder Tauchen allgemein bekannt und findet auch in dem hier behandelten Segment der horizontal gespannten Seile seine Anwendung. Jede Stelle der Konstruktion, an der Fehler passieren können (Knoten, Karabiner, Bandschlingen, Verbindungen, ...) muss von zwei Personen überprüft werden.

---

[6] www.acctinfo.org
[7] www.grca.de

Bei fix aufgebauten Elementen, wie es zum Beispiel bei Ropes Course Anlagen der Fall ist, muss die Anlage ebenfalls kontrolliert werden. Allerdings ist hier die Kontrolle einer Person ausreichend, weil als erste Kontrolle hier das Seminarhaus oder die Erbauerfirma gezählt wird, die für ständige Kontrollen zuständig sind.

Wenn ein Element von der ganzen Gruppe verlassen wird, zum Beispiel um Mittag zu essen und erst am Nachmittag wieder weiter zu machen, ist es natürlich ebenfalls notwendig, alle Stellen, an denen Fehler auftreten können, noch einmal zu kontrollieren.

Während der Übung muss die Konstruktion ebenfalls beobachtet werden und es sollten sich auch die TeilnehmerInnen bewusst sein, dass sie eine wichtige Rolle in der Gesamtsicherheit spielen. Durch die Stopp-Regel ist es ihnen möglich, konkrete oder nicht genauer definierbare Sicherheitsbedenken zu äußern.

1.1.2 Psychische Sicherheit

Nicht weniger wichtig ist in einem guten Sicherheitskonzept die psychische Sicherheit neben der physischen Sicherheit. Allerdings können „Unfälle" im psychischen Bereich oft nicht so schnell erkannt werden und sind auch allgemein nicht so offensichtlich. Es gibt nicht unbedingt immer deutliche Symptome wie Tränen, Ausrasten, Panikattacken oder ähnliches. Daher sollte sich jede TrainerIn über die „Tiefe" der angebotenen Übungen bewusst sein und auch abschätzen, inwiefern ausgelöste Prozesse aufgrund der Ausbildung und der Vorerfahrung aufgefangen werden können. Gerade bei der Verwendung von hohen Seilelementen kommen TeilnehmerInnen sehr rasch in eine subjektiv existenzbedrohende Situation. Besondere Sensibilität und Einfühlungsvermögen, sowie klare Übungsziele und Regeln wie die Stopp-Regel und die Freiwilligkeit sind daher unbedingt erforderlich, um im psychischen Bereich eine größtmögliche Sicherheit zu bieten.

Besondere Vorsicht ist daher bei sehr kurzen Seminaren geboten und natürlich auch bei Übungen, die schon gegen Ende des Seminars angeboten werden, da dabei möglicherweise nicht mehr die Zeit bleibt, Prozesse der psychischen Belastung aufzulösen und abzuschließen.

1.1.2.1 Kenntnis der TeilnehmerInnen

Je besser die TeilnehmerInnen bekannt sind, desto besser kann für die psychische Sicherheit der TeilnehmerInnen gesorgt werden. Vorgespräche, Gesundheitsbögen, auf denen sich auch ein psychischer Teil befindet, die genaue Verfolgung des Gruppenprozesses vor Ort und das Erkennen von psychischen Warnsignalen sind bei der Ortung von herannahenden psychischen Unfällen wesentlich. Die Selbstbestimmung der TeilnehmerInnen „Wo mache ich mit, wo mache ich nicht mit" sollte von TrainerInnenseite her immer wieder betont werden und der tatsächliche Gebrauch der Freiwilligkeit angenommen werden.

1.1.2.2 Klare Regeln, Vorgespräche

Zu den verbindlichen Regeln bei der Arbeit mit gespannten Seilen zählen:

- Stopp-Regel: Wenn ein „Stopp" gerufen wird, friert die Situation so lange ein, bis die Ursache für das „Stopp" geklärt oder behoben ist.[8]
- Freiwilligkeit: Niemand wird zu einer Aktion gezwungen.
- Vier-Augen-Prinzip, Buddy Check: Alle lebenswichtigen Systeme werden von zwei Menschen überprüft.

Ein Vorgespräch soll diese Regeln klarlegen und auf etwaige Risiken hinweisen.

---

[8] Die Stopp-Regel wird ausgerufen, wenn in irgendeiner Form Gefahr für Körper oder Seele geortet wird. Kann eine Person nicht für sich selber „stopp" sagen, muss es jemand anderer für sie tun. Nach Anwendung der Stopp-Regel friert die Situation ein, man steigt kurzfristig aus der Übung aus, um das Problem zu beheben, dann geht es weiter. Beispiele für die Stopp-Regel: Während eines raschen Laufspieles entdeckt jemand Glasscherben in der Wiese. Während einer Übung fühlt sich eine TeilnehmerIn genötigt, über ein Seil zu gehen, ohne dass sie es will. Jemand beobachtet, wie eine TeilnehmerIn auf einen Chickenwalk aufsteigt, aber an den Schuhsohlen dicke Klumpen rutschiger Erde hat.
Neben der Stopp-Regel gibt es die zweite große und wichtige Regel für Outdoor-Aktivitäten, die Freiwilligkeit.

1.1.3 Persönliches Sicherheitsbewusstsein

Risiko ist ein Teil unseres Lebens und auch unsere momentane Vollkasko-Gesellschaft erkennt immer wieder leidlich: Das Leben ist immer lebensgefährlich. Risiken auf sich zu nehmen ist ein Teil unseres Lebens und die Abpolsterung gegen alle Eventualitäten kann bremsen und in der Entwicklung hemmen.

Risiken auf sich zu nehmen heißt aber nicht automatisch sich einer Gefahr auszusetzen. In der Erlebnispädagogik wird versucht, im Rahmen einer größtmöglichen objektiven Sicherheit ein subjektives Risiko möglich zu machen, das Lernfelder öffnet und ein wichtiger Begleiter beim Erfahrungslernen wird, ohne in die Panikzone zu geraten.

Das persönliche Sicherheitsbewusstsein der TrainerInnen ist ein wichtiger Faktor im Gesamtsicherheitskonzept. Es soll frühzeitig Risiken aufzeigen, es soll helfen, womöglich gegen den Gruppendruck der TeilnehmerInnen Übungen abzubrechen und die Wachsamkeit im Erkennen von Gefahren aufrechterhalten.

1.1.3.1 Erfahrungen, Fortbildungen, Ausbildungen

Eine TrainerIn, die weiß, was sie tut, strahlt Sicherheit aus. Erfahrung ist ein Teil, aber weil Erfahrungen zwar niedergeschrieben oder erzählt, jedoch nie in vollem Umfang weitergegeben werden können, muss jede und jeder die Erfahrungen selber sammeln. Ausbildungen und Fortbildungen, in denen diese in geschütztem Rahmen erfahren werden können, sind daher unbedingt notwendig.

1.1.3.2 Austausch

Erfahrung kann zwar nicht in vollem Umfang weitergegeben werden, aber ein Teil davon wird in Form von Erzählungen, Berichten, Witzen, Bilddokumentationen etc... ausgetauscht.

In Form von Stammtischen, Internetforen, Austauschtreffen, Seminaren zu Schwerpunktthemen und schriftlichen Dokumenten wird der Austausch zu einem wichtigen Instrument des persönlichen Sicherheitsbewusstseins. Ein mögliches Hindernis ist die Konkurrenz, die auch in jedem anderen Bereich unserer Gesellschaft, wo es um Leistungen geht, natürlich zu spüren ist.

Eine gute und wichtige Form des Austausches ist eine Sammlung oder Datenbank über „Beinahe-Unfälle"[9] oder tatsächlich passierte Unfälle. Dieser Austausch sollte selbstverständlich anonym sein.

1.1.3.3 Sicherheitsgelenkte Planung, Aufbau, Anleitung und Durchführung von Outdoor Aktionen

Der gesamte Prozess, angefangen bei der Planung bis zum Abschluss oder der Nachbesprechung der Übung soll von sicherheitsbewusstem Handeln und Denken durchtränkt sein. Dazu zählt auch eine richtige Gewichtung der Sicherheitsrisiken. Eine in Unruhe oder Zeitdruck angeleitete Übung ist wahrscheinlich ein größeres Risiko als ein nicht ganz schön gelegter Achterknoten. Ein nicht abgefragter Wetterbericht ist möglicherweise kritischer als eine konzentrierte Übung bei Dämmerung.

1.1.3.4 Gruppendruck

Der Gruppendruck kann sehr stark werden und kann auch dazu verleiten, zum Beispiel unvorsichtigerweise versprochene Aktivitäten trotz Sicherheitsbedenken (wie Müdigkeit, fehlende Konzentration, Wetter, etc.) durchzuführen. TeilnehmerInnen bei Seminaren zahlen oft sehr viel Geld und haben natürlich auch bestimmte Erwartungshaltungen. An dieser Stelle ist einerseits Mut gefragt, die Gruppe mit der Entscheidung zu konfrontieren und andererseits auch Geschick in der Arbeit mit Gruppen, diese Situation entsprechend aufzulösen oder zu bearbeiten.

1.1.4 Rahmenbedingungen und deren Einschätzung

Es gibt zahllose Rahmenbedingungen, die den Fortgang eines Prozesses beeinflussen und mitbestimmend sind, dass eine Situation plötzlich gefährlich wird. Es ist besser, an dieser Stelle von einem Rahmenbedingungsgeflecht zu sprechen, denn die Faktoren beeinflussen nicht nur die Gruppe, sondern auch sich gegenseitig.

---

[9] Eine Möglichkeit, Beinahe-Unfälle anonym zu posten oder zu lesen, finden Sie unter www.ropescourse.at/unfall

Zu einer gefährlichen Situation kann es dann kommen, wenn entweder etwas völlig Unvorhersehbares eintritt, oder sich eine oder mehrere Rahmenbedingungen langsam aus dem Fenster der Einschätzbarkeit davongeschlichen haben. Wie groß dieses Fenster ist, bestimmt die Ausbildung und die Erfahrung der TrainerIn.

Rahmenbedingungen können sein:

1. Umgebung, Äußere Faktoren: Wetter, Temperatur, Ort, Boden, eintreffende Nachrichten
2. Gruppe: Größe, Geschlechterverteilung, Umgang miteinander, offene oder verdeckte Konflikte, Geschwindigkeit, Kommunikation, offene und verdeckte Gruppenziele, Hunger, Durst, Gruppendruck, Dynamik, Erwartungen, Stimmung, Ängste, ...
3. Einzelpersonen: Alter, Vorerfahrungen, Risikobereitschaft, Rolle in der Gruppe, Aufmerksamkeit, Konzentration, Gesundheit, offene und verdeckte persönliche Ziele, spezielle Bedürfnisse

1.1.4.1 Vorausblickende Planung und flexible Programmgestaltung

Eine vorausblickende Planung ermöglicht eine bessere Einschätzung der Rahmenbedingungen. Die Programmgestaltung und der Gesamtstil des Seminars müssen immer die Möglichkeit offenhalten, Aktionen und Seminarmodule zu verschieben, zu verwerfen oder umzugestalten. Ob nun das Wetter, die Gruppenstimmung oder unvorhersehbare Vorfälle Einfluss auf das Seminar nehmen, die TrainerIn muss diese Änderungen wahrnehmen und auf sie eingehen.

1.1.4.2 Verfügbarkeit von Informationsquellen (Wetterbericht, ...)

Je besser Rahmenbedingungen eingeschätzt werden können, um so mehr Wirkung kann das Sicherheitskonzept erzielen. Information ist neben der Erfahrung die Hauptquelle für Einschätzungen. Der aktuelle Wetterbericht, die Überprüfung der Konzentration in der Gruppe, das Nachfragen bei Unmutsäußerungen, das alles sind wichtige Informationsquellen, die über sich möglicherweise ändernde Rahmenbedingungen Aufschluss geben.

Theoretische Beiträge

2 Theoretische Beiträge

Wie schon in der Einleitung erwähnt, befasst sich dieses Buch mit den auftretenden Kräften beim horizontalen Spannen von Seilen. Das Seil selbst spielt dabei natürlich eine wesentliche Rolle. Aber wie sind Seile aufgebaut, dass sie diesen hohen Belastungen, die beim Bergsport, in der Höhlenforschung, bei Rettungs- und Bergeeinsätzen und in der Erlebnispädagogik auftreten, standhalten und welche Faktoren verringern wiederum die Bruchlast[10] eines Seiles?

2.1 Allgemeines über Kletterseile und Statikseile

Statikseile werden auch als Kernmantelseile mit geringer Dehnung bezeichnet. Sie haben aufgrund ihrer besonderen Eigenschaften in Einsatzbereichen Verwendung gefunden, die früher ausschließlich Stahlseilen und gedrehten Textilseilen vorbehalten waren. Durch die einfachere Handhabung (Knotbarkeit und Flexibilität), geringes Gewicht, hohe Festigkeit und niedrige Dehnungswerte, werden Stahlseile immer mehr durch Statikseile ersetzt. Bei gedrehten, textilen Seilen fehlt u.a. die vorteilhafte, kompakte Konstruktion aus Kern und Mantel. Insbesondere mangelt es jedoch an der sehr wichtigen Torsionsneutralität[11]. Das Kernmantelseil besteht grundsätzlich aus zwei Teilen:

---

[10] Bruchlast ist jene Seilbelastung, die ein Seil zum Reißen bringt.
[11] Torsionsneutralität meint, dass ein Seil sich aufgrund der wechselseitigen Drehung des Kerns nicht verdreht oder verkrangelt, eine Torsionsneutralität gibt es allerdings nur theoretisch.

Der Kern übernimmt die Funktion der Energieaufnahme und ist der Teil des Seiles, der die volle Belastung hält, der Mantel hingegen schützt den Kern, ist schmutz- und wasserabweisend und abriebfest. Kernmantelseile mit geringer Dehnung sind überall dort von Vorteil, wo eine rein statische Belastung stattfindet, also nur eine geringe dynamische Komponente erwünscht ist. Bei Seilbrücken ist ein geringer Dehnfaktor von Vorteil, weil sie unter Belastung nicht zu sehr durchhängen. Im Gegensatz dazu ist bei Sportkletterseilen ein hoher Dehnfaktor sehr wichtig, um Personen bei Stürzen ins Seil möglichst sanft auffangen zu können.

Statikseile haben ihre überragenden Qualitätsmerkmale in vielen unterschiedlichen Bereichen und Anwendungen unter Beweis gestellt. Beispiele sind: Speläologie[12], Arbeitssicherheit, Feuerwehr, Weltraumforschung, Forstwirtschaft und Erlebnispädagogik.

Viel Seil

---

[12] Höhlenforschung

2.1.1 Seiltype

Statikseile werden in Typ A und Typ B klassifiziert[13]. Seile, die Typ A entsprechen, erfüllen höhere Normanforderungen.

Type B Seile haben einen Durchmesser von unter 10 mm. Nur manche Canyoning-Seile[14] sind dicker, jedoch trotzdem B-klassifiziert.[15]

Type A Seile müssen folgende Kriterien erfüllen:

- Kernmantelkonstruktion, bis zu 16 mm Durchmesser
- Mindestbruchlast 22 kN ohne Knoten, 15 kN mit Knoten[16]
- Maximaler Fangstoß[17] von 6 kN bei einem Sturzfaktor[18] von 0,3 und einem Fallgewicht von 100 kg
- Die Dehnung bei einer Belastung von 50 kg auf 100 kg muss unter 5 % liegen.
- Die prozentuelle Schrumpfung nach dem Wässern muss angegeben werden.

2.1.2 Höchstzugkraft und Dehnung

Besonders bei der Verwendung als Traglastseil oder bei häufigen Abseilvorgängen sind die Parameter Höchstzugkraft und Dehnung von Bedeutung. Die Höchstzugkraft sollte sehr hoch, die Dehnung dagegen so niedrig wie möglich sein. Bis zum Wert der Höchstzugkraft oder auch Bruchlast genannt garantiert der Hersteller bei neuen Seilen und sachgemäßer Verwendung, dass die Seile nicht reißen.

---

[13] Laut (Euronorm) EN 1891:1998 (CEN/TC 160) Persönliche Schutzausrüstung zur Verhinderung von Abstürzen – Kernmantelseile mit geringer Dehnung
[14] Canyoning: Eine Sportart. Wandern, Abseilen in meist wasserführenden Schluchten
[15] Aufgrund ihres Polypropylen-Kerns sind Canyoning-Seile zwar schwimmfähig, haben aber auch ein schlechteres Energieaufnahmevermögen
[16] Kilonewton: 1 kN (Kilo-Newton) oder 100 daN (Deka-Newton) entspricht 100 kg (wenn man es physikalisch nicht zu genau nimmt)
[17] Fangstoß ist die Kraft, die auf Mensch und Material beim Halten eines Sturzes übertragen wird.
[18] Der Sturzfaktor F ist das Verhältnis der Sturzhöhe und dem ausgegebenen Seil, z.B. wenn der Vorauskletternde 2,5 Meter über dem Standplatz ist und noch keine Zwischensicherung angebracht ist, ist der Sturzfaktor gleich 2 (5 Meter Sturzhöhe geteilt durch 2,5 Meter)

2.1.3 Mantelanteil

Er gibt zusammen mit der Mantelstruktur Aufschluss über das Masseverhältnis von Seilmantel und Seilkern und damit über die Langlebigkeit eines Seils. Je größer der Materialanteil des Mantels ist, desto höher wird die Abriebfestigkeit des Seils. Abriebfestere Seile eignen sich besonders für den intensiven Einsatz beim Topropen[19] oder Indoorklettern.

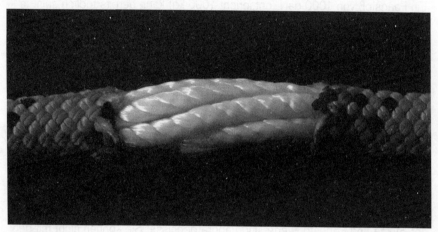

Mantel und Kern

2.1.4 Mantelverschiebung

Sie gibt die relative Verschiebung des Mantels zum Seilkern an, wenn ein 2 Meter langes Seilstück fünfmal durch ein Prüfgerät gezogen wird. Der zulässige Grenzwert (Euronorm) liegt bei +/– 40 mm (UIAA-Norm +/– 20 mm).

Hohe Mantelverschiebungswerte haben einen negativen Einfluss auf die Scheuertüchtigkeit des Seiles sowie auf die Handhabung und Funktion von Sicherungs-, Abseil- und Rettungsgeräten.

> **Tipp:** Vor dem ersten Gebrauch das Seil einweichen und langsam trocknen lassen. Dadurch schrumpft es und die Gefahr einer Mantelverschiebung wird geringer. Die Folge ist ein verbesserter Widerstand gegen Abnutzung und Abrieb. Die Mantelverschiebung ist eine der Hauptursachen für Seilverschleiß.

---

[19] Toprope ist eine Sicherungstechnik, bei der das Seil vom Sichernden über einen höher gelegenen Umlenkpunkt zur gesicherten Person läuft.

2.1.5 Fangstoß

Der Fangstoß ist die Kraft, die unter Sturzbedingungen auf den menschlichen Körper einwirkt. In der Praxis wird diese Belastung durch verschiedene Faktoren wie Seil, dynamische Sicherung, Anseilknoten, Klettergurt, Körperbau und Gewicht bestimmt. Im Labor ist der Fangstoß die Kraft, die beim ersten Normsturz ermittelt wird. Der Fangstoß wird in daN (Deka-Newton) angegeben. Ein Fangstoß von 1000 daN (entspricht 1000 kg) kann bereits tödlich sein. In der Regel liegt der Wert bei Sportkletterseilen bei 980 daN und geringer. Je kleiner der Wert, desto besser. Statische Seile, die ja nicht zum Sichern geeignet sind, haben natürlich Fangstöße weit über 1000 daN. Nach jedem Sturz nehmen grundsätzlich die dynamischen Eigenschaften des Seiles ab und der Fangstoß nimmt zu.

2.1.6 Sturzzahl

Die Sturzzahl ist die Anzahl der gehaltenen Normstürze während eines dynamischen Fallversuches mit 80 kg Fallgewicht (bei Halbseilen 55 kg). Die Anzahl der Stürze und Fangstoßwerte sind Laborergebnisse. Sie können nicht mit den Parametern gleichgesetzt werden, die ein Sturz in der Realität hervorruft. Beim Klettern am Fels sind die Belastungen, die auf das Seil und den Kletternden wirken, wesentlich geringer, sofern keine Querbelastungen durch scharfe Felskanten, Quetschungen o.ä. auftreten. Generell gilt, dass die Sicherheitsreserven mit steigender Sturzzahl abnehmen.

2.1.7 Gebrauchsdehnung

Dehnung eines Seilstückes unter einer Belastung von 80 kg. Um die Verletzungsgefahr durch Verlängerung der Sturzhöhe und elastisches Federn zu limitieren, ist die Gebrauchsdehnung festgelegt auf 8 % bei Einfach- und Zwillingsseilen und 10 % bei Halbseilen. Höhlenseile oder Statikseile haben eine geringere Dehnung (2 – 4 %) und sind daher für den Bau von Seilbrücken, zum Aufsteigen am Seil und zum Abseilen besser geeignet als Kletterseile. Gefährlich ist aber aus demselben Grund die Verwendung eines Statikseiles zum Sichern beim Klettern im Vorstieg, weil die geringe Dehnung eine stürzende Person auch sehr abrupt auffängt, was für die Person selbst, aber auch für die Einhängpunkte eine sehr starke Belastung bedeutet.

2.1.8 Schrumpfung

Materialbedingt und durch die im Gebrauch auftretenden Einwirkungen muss mit einem Schrumpf gerechnet werden. Weisse Statikseile erfahren im Gebrauch in der Regel einen höheren Schrumpf. Zu einer merklichen Schrumpfung kommt es erst nach mehrmaligem Spannen von Seilen. Die Schrumpfung hat keinen Einfluss auf die Sicherheit des Seiles.

2.1.9 Knotbarkeit

Sie ist ein relatives Maß für die Flexibilität/Steifigkeit eines Seiles. Sie ist das Verhältnis von Knotenweite (Innendurchmesser des Knotens) zum Seildurchmesser bei Belastung des Prüfstückes mit 10 kg. Je kleiner die Knotenweite, desto flexibler ist das Seil. Für häufiges Knüpfen und Lösen von Knoten und Abseilen mit Abseilachtern sollte die Flexibilität so groß wie möglich sein. Wird an dem Seil jedoch mit Steigklemmen aufgestiegen und Abseilgeräten abgeseilt, ist ein steiferes Seil empfehlenswerter.

2.1.10 Verschmutzung

Schmutz ist einer der größten Widersacher eines Seils. Feine, kristalline Partikel lagern sich zwischen den Mantel- und Kernfasern ab und wirken scheuernd auf diese ein. Unter Umständen ist die Beschädigung an den Kernzwirnen optisch nicht zu erkennen, wodurch die Benutzung des Seils zu einem Sicherheitsrisiko werden kann.

2.1.11 Kantenreißfestigkeit

Das Faserbündel der Seilkernes wird bei einer Umlenkung über eine Kante extrem und sehr ungleich belastet. Fasern, die bei der Umlenkung weiter außen liegen, werden stärker gedehnt als Fasern, die weiter innen liegen. Wie scharf eine Kante ist, wird durch den Kantenradius ausgedrückt. Ein Karabiner hat einen Kantenradius von 5 Millimeter, eine Messerklinge einen Kantenradius von 0,1 Millimeter. Der Kantenradius eines Karabiners (5 mm) reduziert die Bruchlast um zirka 30 %.[20]

---

[20] Quelle: www.bergrettung.at, Fa. Teufelberger GesmbH

2.1.12 Zusammenspiel der Parameter

Ausgewiesene technische Seildaten müssen richtig interpretiert werden. Die KäuferIn darf diese nicht einzeln betrachten, sondern muss sie aufeinander beziehen. Ein niedriger Fangstoß führt z.B. zu einer höheren Gebrauchsdehnung. Weniger flexible Seile neigen mehr zum Krangeln. Indoor-Seile mit viel Masse im Mantel und hohem Metergewicht eignen sich nicht für alpines Klettern. Überaus große Mantelverschiebung reduziert die Sicherheit und Handhabung. Letzteres trifft gleichfalls für sehr harte oder überaus weiche Seile zu. (Gesamtes Kapitel: Quelle: Fa. Edelrid, Fa. Edelweiß, ÖAV, TÜV)

2.2 Seiltests im Labor

2.2.1 Kriterien

Folgende Kriterien beeinflussen die Zugfestigkeit von Seilen:

- Eigenschaften des Seiles (Art, Alter, Verschmutzungsgrad, Schäden, Nässe)
- Eigenschaften des Knotens (Art, wie sauber ist er gelegt)
- Belastungsstärke, Belastungsgeschwindigkeit

Jede Firma, die Seile auf den Markt bringen will, muss diese durch eine Reihe von Tests prüfen lassen.

Konkret müssen aus jeder Produktionscharge (2500 m Seil) 3 Seile entnommen werden. Diese werden dann durch eine Reihe von Test sehr hart geprüft. Bei Versagen eines Seiles wird die gesamte Charge ausgemustert.

Getestet werden Seile im Labor, wo natürlich optimale Laborbedingungen herrschen. Das Seil wird bei den Reißtests zum Beispiel über einen Stahlzylinder gedreht, bis es reißt. Diese Zahl hat aber vorrangig Vergleichswert, denn kein Seil wird im täglichen Gebrauch über Stahltrommeln mit optimalen Radien gedreht, es ist hingegen viel härteren Bedingungen ausgesetzt: Schmutz, Knoten im Seil, Nässe etc. reduzieren die Bruchlast eines Seiles zum Teil enorm.

Seil aufgedrosselt

Seit kurzem ist der Hersteller verpflichtet, bei jedem Seil eine „Technische Dokumentation" mitzuliefern oder zumindest auf Anfrage zuzuschicken. Er muss auch die Zahlen dem Kunden verständlich machen und deren Aussage erklären.

Seile werden also vor allem wegen der Vergleichswerte im Labor getestet, Feldversuche mit Feuchtigkeit, Alter, Schutz, ... sind selten und nicht verpflichtend und sehr schwierig unter streng wissenschaftlichen Gesichtspunkten durchzuführen.

2.2.2 Knoten

Es gibt kaum Daten, wenige Hypothesen und viel Spekulation, welcher Knoten die Bruchlast um wieviel Prozent verringert. Renommierte Firmen wie Beal und Edelweiß geben an, dass ein Achterknoten die Bruchlast um ca. 30 % verringert. Das Sicherheitsreferat des Österreichischen Alpenvereins bestätigt diese Zahl und gibt folgende Regel an: Ein Knoten, egal welcher, kann das Seil bis zu 36 % schwächen.

Das Technische Überprüfungszentrum Wien gibt die Reduktion bei einem 10 mm Höhlenseil bei einem Achterknoten mit 25 % und bei einem Sackstich mit 40 % an. Bei Reepschnüren ist mit noch größeren Verlusten zu rechnen.

Das Sicherheitsreferat des Deutschen Alpenvereins gibt an, dass die maximale Festigkeitsreduzierung bei 45 % liegt. In der Bergführerausbildung wird allerdings eine Reduzierung von 50 % gelehrt.

Natürlich spielen hier wieder viele Faktoren (Material, Seildicke, ...) mit. Daher ist es auch fast unmöglich, exakte Daten zu bekommen.

Die Knotenfestigkeit wird standardmäßig nicht getestet. Es gibt allerdings die EN 1891, die vorschreibt, dass Statikseile des Typs A mit Knoten mindestens 15 kN und des Typs B mindestens 12 kN aushalten müssen. Dieser Standardwert trifft jedoch keine Aussage darüber, wann welcher Knoten wirklich reißt.

2.2.3 Schmutz

Bei einem verschmutzten Seil sind Sandkörner im Mantel und im schlechtesten Fall in den Kern vorgedrungen. Je nach Körnung (Sandkorngröße) und Schärfe wird die Bruchlast reduziert. In diesem Fall ist es noch schwieriger, Aussagen zu treffen, weil hier sehr viele Faktoren mitspielen, und alleine deren Kategorisierung eine große Aufgabe wäre.

> **Tipp:** *Reinigung:*
> In handwarmem Wasser mit geringem Zusatz von Feinwaschmittel. Gut spülen, im Schatten trocknen.[21]

---

[21] Laut Firma Mammut

Es ist auch möglich, das Seil in der Waschmaschine zu waschen (Woll-Programm), allerdings kann es sich dabei stark verknoten. Dagegen hilft, es in einen Kopfpolsterüberzug zu stecken.

2.2.4 Nässe:

Feuchtigkeit und Nässe reduzieren ebenfalls die Bruchlast, weil sie die Fäden zum Platzen bringen können. Wenn das Seil gestrafft wird, verringert sich das Volumen und die Feuchtigkeit muss entweichen. Wenn die Straffung zu rasch vor sich geht, können einzelnen Fasern reißen. Die Verringerung der Bruchlast bei einem nassen Seil beträgt etwa 10 %.[22]

2.2.5 Alter:

Verschiedene Hersteller geben verschiedene Zeiträume an, nach denen ein Seil bei einer bestimmten Benutzungsfrequenz ausgetauscht werden muss.

Edelrid		Beal		Cousin	
Gebrauch	Austausch nach	Gebrauch	Austausch nach	Gebrauch	Austausch nach
		Intensive Nutzung	3 Mon. – 1 Jahr	Tägl. Gebrauch	1 Jahr
		Wöchentl. Gebrauch	2 – 3 Jahre	Jedes Wochenende	2 – 3 Jahre
Gelegentlicher Einsatz	2 Jahre	Gelegentl. Gebrauch	4 – 5 Jahre	Einmal pro Jahr	2 – 4 Jahre
Optimale Lagerung ohne Gebrauch	3 Jahre	Max. Lagerzeit	10 Jahre		

---

[22] http://karst.net/Forschung/seilfestigkeit.htm

Unsere Reißtests haben ergeben, dass bei Statikseilen das Alter die Bruchlast nicht wesentlich herabsetzt, bei Bandschlingen und Reepschnüren waren zwar keine beachtlichen, aber immerhin geringe Verschlechterungen messbar.

Auf jeden Fall macht es Sinn, das Seil auszutauschen, wenn die Optik des Seiles bei den TeilnehmerInnen Unsicherheit hervorruft, auch wenn es noch sicher ist, denn alleine das subjektive Gefühl der Unsicherheit setzt die Gesamtsicherheit der Aktion herab.

2.2.6 Verlässlichkeit der Herstellerdaten

Die Daten der Hersteller sind grundsätzlich verlässlich, nur sollte man nicht mit all zu viel Sicherheitsspielraum über die angegebenen Daten hinaus rechnen. Es gibt Gerüchte, dass Seile in Wirklichkeit das Dreifache oder sogar das Zwölffache der angegebenen Bruchlast aushalten, weil bei Gegenständen wie Seilen oder Brücken, die Personen tragen, eine drei- (oder zwölf-) fache Sicherheit vorgeschrieben sei. Das ist definitiv falsch. Sicher ist jedenfalls, dass ein in Mitteleuropa gekauftes Seil aus einer Produktionscharge stammt, die bei einem normierten Test durchgekommen ist.

2.2.7 Ein Seil sollte in folgenden Fällen ausgemustert werden

- Wenn es optisch bei der TeilnehmerIn Unsicherheit auslöst
- Nach einem schweren Sturz
- Wenn der Mantel beschädigt ist, so dass der Kern sichtbar ist.
- Nach Kontakt mit Chemikalien, besonders Säuren, Petroleum oder Lösungsmittel
- Bei extremen Anzeichen von Abnutzung (starker Abrieb, pelzartiges Auffasern des Mantels, Versteifungen, extreme Längenverformungen, Einschnitte)

Berechnung von Spannungen am Seil

3

3. Berechnung von Spannungen am Seil

Eine exakte Berechnung von Seilspannungen ist sehr kompliziert, weil 6 Parameter Einfluss auf die Zugkraft haben: Seillänge (oder genauer: Strecke, die überspannt wird), Durchhang, Seilgewicht, zusätzliches Gewicht am Seil (z.B. Person), Seildehnung und Form der Bewegung am Seil (Dynamisches Schaukeln, statisches Gleiten, ...)

3.1 Drei Berechnungsmöglichkeiten im Vergleich

3.1.1 Die Gruber-Wolf Formel

Es gibt eine komplizierte Formel, die gleich unter der nächsten Überschrift angeführt ist. Sie ist um einen Hauch genauer, ist aber ohne einen programmierbaren Taschenrechner oder einen Laptop sehr mühsam zu berechnen. Dies gilt besonders, wenn man bedenkt, dass diese Messungen im Normalfall unmittelbar vor einer Aktivität am Seil irgendwo mitten im Wald durchgeführt werden.

Die Gruber-Wolf Formel ist sehr einfach zu berechnen und sogar im Kopf lösbar, wenn man Kopfrechnen gewohnt ist. Sie orientiert sich am Kräftedreieck und vernachlässigt folgende zwei Faktoren:

1. Das Eigengewicht des Seiles. Das Eigengewicht eines Höhlenseiles ist deswegen zu vernachlässigen, weil sich durch die Messfehler beim Durchhang im Millimeterbereich (z.B. Waldboden) ohnehin das Ergebnis um einige daN (entspricht kg) Zugkraft verzerrt.

2. Die Gruber-Wolf Formel geht davon aus, dass es sich bei den Seilen um Geraden handelt. In Wirklichkeit handelt es sich jedoch um Kurven, weil kein Seil absolut gerade gespannt werden kann. Je höher die Seilspannung jedoch ist, desto näher kommen die Werte der Gruber-Wolf Formel den Werten der komplexen Formel, weil natürlich bei höheren Seilspannungen die Kurven den Geraden immer ähnlicher werden. Weil aber ohnehin nur die Kräfte bei hohen Spannungen interessant sind, wird dieser Faktor ausgeklammert. In den Kraftbereichen, die bei Low Elements üblicherweise auftreten, beträgt dieser Fehler 1 % – 0,5 %.

Die Gruber-Wolf Formel lautet:

$$F_x = \frac{L * P}{4D}$$

P = Gewicht, das vertikal auf dem Seil lastet, z.B. Personen in kg
L = Spannweite in m
D = Durchhang in m

3.1.2 Die komplexe Formel:

Die Formel, die alle Parameter bei statischer Spannung berücksichtigt, lautet:[23]

$$F_x = \sqrt{\left(\frac{\frac{Q*L}{8} + \frac{P*L}{4}}{D}\right)^2 + \left(\frac{Q*L}{2} + \frac{P}{2}\right)^2}$$

P = Gewicht, das vertikal auf dem Seil lastet, z.B. Personen in kg
Q = Seilgewicht pro Meter in kg
L = Spannweite in m
D = Durchhang in m

---

[23] Diese Formel wurde von Walter Siebert 1998 in der Zeitschrift „Erleben und Lernen" publiziert.

3.1.3 Die Prozent-Annäherung

Wie bei der Gruber-Wolf Formel benötigt man bei dieser Berechnung die Länge der Seilbrücke (Spannweite), den Durchhang und ein Gewicht, das vertikal auf dem Seil lastet. Hat man alle diese Daten auf dem Papier, beginnt die Berechnung.

Im ersten Schritt geht es darum, den Durchhang in Prozent zu errechnen. Damit ist gemeint, wie viel Prozent der Durchhang gegenüber der Spannweite beträgt.

$$D_{\text{in Prozent}} = \frac{D_{\text{in Meter}}}{L_{\text{in Meter}}} * 100$$

Laut untenstehender Tabelle kann man nun abschätzen, ob der Durchhang für die Belastung ausreicht: Bei einem Durchhang von 15 % tritt eine Belastung des Seiles von 1,8 mal des Gewichtes auf, mit dem das gespannte Seil belastet wurde.

15 % Durchhang	1,8-fache Belastung
14 % Durchhang	1,9-fache Belastung
13 % Durchhang	2-fache Belastung
12 % Durchhang	2,2-fache Belastung
11 % Durchhang	2,3-fache Belastung
10 % Durchhang	2,5-fache Belastung
9 % Durchhang	2,8-fache Belastung
8 % Durchhang	3,2-fache Belastung
7 % Durchhang	3,6-fache Belastung
6 % Durchhang	4,2-fache Belastung
5 % Durchhang	5-fache Belastung
4 % Durchhang	6,3-fache Belastung
3 % Durchhang	8,4-fache Belastung
2 % Durchhang	12,5-fache Belastung
1 % Durchhang	25-fache Belastung

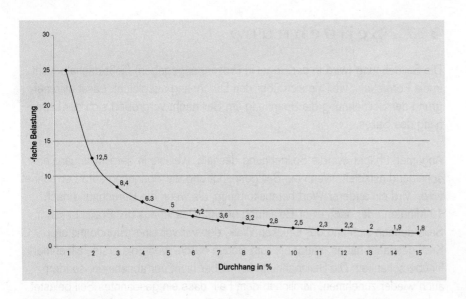

Ein Rechenbeispiel:
Eine Person mit 100 kg steht auf einer Seilbrücke und verursacht dadurch einen Durchhang von 6 %. Die Seilbrücke ist daher in diesem Moment laut Tabelle mit 420 kg (oder korrekt 420 daN) belastet.

Umgekehrt kann man auch Rückschlüsse ziehen:
Ich will, dass eine Seilbrücke mit maximal 1.000 daN belastet wird. Ich weiß auch, dass auf dieser Seilbrücke maximal 2 Personen mit je 100 kg stehen werden. Das bedeutet, dass ich maximal eine 5-fache Belastung der Seile zulassen will, was laut Tabelle auf einen Durchhang von mindestens 5 % im Belastungsfall hinweist. Achtung: In dieser Rechnung ist angenommen, dass die Personen statisch am Seil stehen. Beim Schwingen – also bei stark dynamischen Belastungen – treten andere Kräfte auf. Dazu gibt es im hinteren Teil des Buches ein eigenes Kapitel.

3.1.4 Wo Fehler entstehen können:

- Falsche Einheiten wurden verwendet (Zentimeter statt Meter).
- Im weichen Waldboden können leicht Messfehler beim Durchhang entstehen. Bei stark gespannten Seilen beträgt der Fehler pro Millimeter Falschmessung bis zu 5 kg Zugkraft.
- Die Berechnung ist eine Momentaufnahme. Durch die Seildehnung, durch Feuchtigkeit oder starke Temperaturschwankungen ändern sich die Werte.
- Der Durchhang wurde nicht unter vertikaler Belastung gemessen.

3.2 Seildehnung

Die Seildehnung (wird in der Regel in Prozent angegeben) fließt deshalb nicht in die Formel ein, weil sie sich über den Durchhang ausgleicht. Lässt also aufgrund der Seildehnung die Spannung am Seil nach, vergrößert sich der Durchhang des Seiles.

Angemerkt haben wir die Seildehnung deshalb, weil sie in der Praxis ganz entscheidend mitspielt. Wenn ein Seil gespannt und die Spannung sofort errechnet wird, wird ein anderer Wert herauskommen, als wenn die Berechnung nach 10 Minuten oder nach einer Belastung erfolgt. Das ist aus der Praxis bekannt: Seile dehnen sich und der Chicken Walk, den wir vor einer Stunde mit aller Kraft gespannt haben, hängt bis zum Boden durch, wenn die erste TeilnehmerIn hinüberschaukelt. Die Seilspannung kann aber nicht nur abnehmen, sondern auch wieder zunehmen, nämlich in dem Fall, dass ein gespanntes Seil belastet wurde und die Berechnung direkt nach der Belastung durchgeführt wurde. Prüft man einige Minuten später wieder die Spannung, stellt sich heraus, dass diese zugenommen hat.

3.3 1400 daN

In diesem Buch haben wir die Grenze von 1400 daN als kritische Schwelle der Belastung eines 10 mm Statikseiles angenommen. Über 1400 daN sollten diese Seile auf keinen Fall belastet werden. Der Wert beinhaltet bei der Verwendung von Achterknoten eine 20 %ige Sicherheit, bei der Verwendung von Mastwürfen ist das das absolute Limit ohne Reserven.

3.4 Erheben der Daten – Niedrige Elemente

Bei niedrigen Elementen hat man die Möglichkeit, sich in der Mitte des Seiles hinzustellen und mit dem Maßstab exakt den Durchhang bei Belastung zu messen. Diese Möglichkeit habe ich bei hohen Elementen nicht mehr, was das Erheben von Daten etwas komplizierter macht. Aber bleiben wir einmal bei der Methode der niedrigen Seilelemente:

3.4.1 Was zur Berechnung notwendig ist

- Maßband
- Papier, Stift
- Isolierband
- Ein Stück Holz, Stein oder sonst ein größerer Gegenstand
- Taschenrechner

3.4.2 Vorgangsweise

1. Spannweite(L) messen (von Baum zu Baum, Flaschenzug oder Seilspanngerät werden mitgemessen) und notieren. (Einheit: Meter)
2. Seilmitte errechnen und mit Isolierband markieren.
3. Den Abstand Seilmitte – Boden abmessen und notieren. Am weichen Waldboden ist es günstig, von einem größeren Gegenstand (Holz, Stein) nach oben zur Seilmitte zu messen, um die Messfehler gering zu halten. Außerdem ist es wichtig, im rechten Winkel zu messen.
4. Eine Person, die ungefähr weiß, wie schwer sie ist (incl. Kleidung) stellt oder hängt sich auf die Mitte des Seiles, dann wieder den Abstand Seilmitte – Boden (oder Seilmitte, Gegenstand) abmessen und notieren. (Einheit: Meter)
5. Gewicht der Person (P) mit Kleidung notieren (auf 3 kg genau).
6. Den Durchhang (D) durch Subtraktion der beiden Werte aus Punkt 3. und Punkt 4. errechnen.

Berechnung von Spannungen am Seil

Nun kann die momentane Spannung durch Einsetzen der Daten in die Formel oder in die Prozent-Annäherung errechnet werden.

Das Ergebnis ist die daN Zugkraft (entspricht kg), die auf das Seil und auf die Verankerungspunkte gewirkt hat, als sich eine Person mit dem Gewicht (P) am Seil befunden hat.

Die Grundspannung[24] des Seiles kann mit dieser Methode nicht berechnet werden.

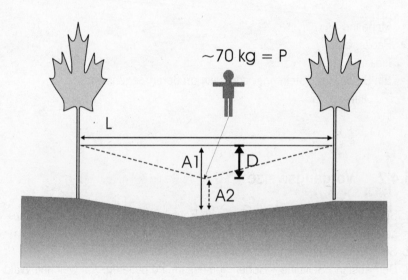

---

[24] Unter Grundspannung oder Vorspannung versteht man jene Spannung, die das Seil ohne Belastung durch eine Person aufweist.

3.5 Erheben der Daten – Hohe Elemente

Für die Berechnung der Spannung am Seil ist der Durchhang ein wesentlicher Parameter. Nun ist es aber schwierig, auf einer hohen Seilbrücke, etwa in 20 Metern über dem Boden in der Mitte des Seiles hängend genaue Messungen des Durchhangs vorzunehmen. Daher wird hier eine etwas kompliziertere und technisch aufwändigere Methode vorgestellt. Dazu braucht man einen Neigungswinkelmesser. Diese gibt es in analoger und digitaler Variante, wobei die digitale Variante natürlich um einiges genauer misst. Handelsübliche Modelle mit einer Genauigkeit von 0,2 Grad bekommt man ab 170 €. Je genauer die Messung vorgenommen werden kann, desto genauer kann auch die Seilspannung bestimmt werden.

3.5.1 Was zur Berechnung notwendig ist

- Maßband
- Papier, Stift
- Isolierband
- Taschenrechner
- Ein Neigungswinkelmesser (Digital oder Analog)
- Ein Gewicht (30 – 60 kg) z.B. ein Wasserkanister, je schwerer desto besser.

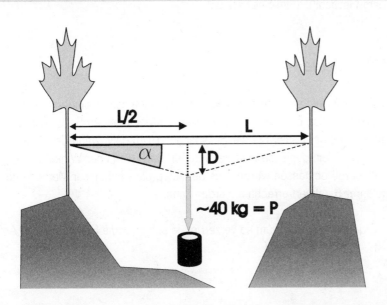

Berechnung von Spannungen am Seil

3.5.2 Vorgangsweise

1. Spannweite(L) messen (von Baum zu Baum, Flaschenzug oder Seilspanngerät werden mitgemessen) und notieren. (Einheit: Meter)
2. Mit dem Neigungswinkelmesser wird die aktuelle Neigung N1 des Seiles gemessen und in Grad notiert.
3. Einen Kanister (z.B. einen 40 Liter Kanister) mit einer messbaren Menge Wasser füllen. Je schwerer das Gewicht wird, desto genauer wird die Rechnung.
4. Das Gewicht wird in der Mitte der Seilbrücke über einen Karabiner ein Stück hochgezogen, sodass die Mitte der Seilbrücke mit dem Gewicht von z.B. 40 kg belastet ist.
5. Mit dem Neigungswinkelmesser wird die aktuelle Neigung N2 gemessen und in Grad notiert.
   Nun wird die Differenz aus den beiden Neigungen in Grad errechnet. Aus diesem Winkel wird nach den Gesetzmäßigkeiten der Trigonometrie die Gegenkathete, in unserem Fall der Durchhang errechnet. Die Formel dazu lautet: Durchhang = (Tangens des Winkels) x (Spannweite/2). Vorgangsweise: Winkel in den Taschenrechner eingeben (z.B. 4,3), dann die Taste tan drücken. Das Ergebnis mit der halben Länge der Spannweite multiplizieren.
6. Nun wird wie schon bei den niedrigen Elementen mit der Gruber-Wolf Formel über Durchhang, Spannweite und Gewicht die aktuelle Spannung des Elements errechnet. Das Ergebnis ist die daN Zugkraft (entspricht kg), die am Seil und auf die Verankerungspunkte wirkt, wenn sich eine Person mit dem Gewicht (P) am Seil befindet.

3.5.3 Fehler

Messfehler wirken sich bei dieser Variante natürlich schon einigermaßen aus. Vermisst man sich beispielsweise bei einer 20 Meter langen Seilbrücke um ein Grad, beträgt der Fehler bei der Seilspannung 140 daN, wenn der Winkel um ein Grad zu klein gemessen wurde, und 100 daN, wenn der Winkel um ein Grad zu groß gemessen wurde. Das bedeutet, dass mit dieser Methode nur ein ungefährer Richtwert errechnet werden kann.

Das Ergebnis wird auch um so verzerrter, je schräger die Seilbrücke von Anfang an ist.

3.6 Zur raschen Orientierung

In der nachstehenden Tabellen sind Werte zur raschen Orientierung abzulesen: In den Spalten sind die Längen der Spannweiten (L) von 4 bis 20 Meter, in den Zeilen Durchhänge (D) von 1 Meter bis 0,1 Meter = 10 Zentimeter angegeben. Es gibt drei Tabellen für die vertikalen Belastungen von 80 kg (eine Person), 160 kg (zwei Personen) und 320 kg (vier Personen). Ab dem Wert 1400 daN ist das Ergebnis fett gedruckt, weil ab diesem Wert die Sicherheit drastisch sinkt.

Bei einer vertikalen Belastung (P) von 80 Kilogramm

D	L = 4	L = 6	L = 8	L = 10	L = 12	L = 14	L = 16	L = 18	L = 20
1	80	120	160	200	240	280	320	360	400
0,9	89	133	178	222	267	311	356	400	444
0,8	100	150	200	250	300	350	400	450	500
0,7	114	171	229	286	343	400	457	514	571
0,6	133	200	267	333	400	467	533	600	667
0,5	160	240	320	400	480	560	640	720	800
0,4	200	300	400	500	600	700	800	900	1.000
0,3	267	400	533	667	800	933	1.067	1.200	1.333
0,2	400	600	800	1.000	1.200	**1.400**	**1.600**	**1.800**	**2.000**
0,1	800	1.200	**1.600**	**2.000**	**2.400**	**2.800**	**3.200**	**3.600**	**4.000**

Berechnung von Spannungen am Seil

Bei einer vertikalen Belastung (P) von 160 Kilogramm

D	L = 4	L = 6	L = 8	L = 10	L = 12	L = 14	L = 16	L = 18	L = 20
1	160	240	320	400	480	560	640	720	800
0,9	178	267	356	444	533	622	711	800	889
0,8	200	300	400	500	600	700	800	900	1.000
0,7	229	343	457	571	686	800	914	1.029	1.143
0,6	267	400	533	667	800	933	1.067	1.200	1.333
0,5	320	480	640	800	960	1.120	1.280	1.440	1.600
0,4	400	600	800	1.000	1.200	1.400	1.600	1.800	2.000
0,3	533	800	1.067	1.333	1.600	1.867	2.133	2.400	2.667
0,2	800	1.200	1.600	2.000	2.400	2.800	3.200	3.600	4.000
0,1	1.600	2.400	3.200	4.000	4.800	5.600	6.400	7.200	8.000

Bei einer vertikalen Belastung (P) von 320 Kilogramm

D	L = 4	L = 6	L = 8	L = 10	L = 12	L = 14	L = 16	L = 18	L = 20
1	320	480	640	800	960	1.120	1.280	1.440	1.600
0,9	356	533	711	889	1.067	1.244	1.422	1.600	1.778
0,8	400	600	800	1.000	1.200	1.400	1.600	1.800	2.000
0,7	457	686	914	1.143	1.371	1.600	1.829	2.057	2.286
0,6	533	800	1.067	1.333	1.600	1.867	2.133	2.400	2.667
0,5	640	960	1.280	1.600	1.920	2.240	2.560	2.880	3.200
0,4	800	1.200	1.600	2.000	2.400	2.800	3.200	3.600	4.000
0,3	1.067	1.600	2.133	2.667	3.200	3.733	4.267	4.800	5.333
0,2	1.600	2.400	3.200	4.000	4.800	5.600	6.400	7.200	8.000
0,1	3.200	4.800	6.400	8.000	9.600	11.200	12.800	14.400	16.000

Belastungs-
tests

4

4 Belastungstests

Auf der Suche nach Antworten, welche Kräfte nun wirklich beim Spannen und anschließenden Belasten von Statikseilen auftreten, wollten wir uns nicht ausschließlich auf die Mathematik und Statik verlassen, daher haben wir begonnen, praktische Tests durchzuführen. Einerseits haben wir Belastungstests durchgeführt, wobei es hauptsächlich um die Überprüfung der Formeln gegangen ist und andererseits Reißtests, die im Kapitel 5 angeführt sind.

4.1 Belastungstest einer Seilbrücke

4.1.1 Ziele

- Erfahrungswerte sammeln, dadurch Sicherheit bekommen
- Faustregeln erstellen
- Formeln überprüfen
- Daten über statische Seilspannungen erfassen
- Daten über Grundspannungen erfassen (wie hoch ist die Belastung, wenn ich mit einem einfachen Flaschenzug spanne...)
- Daten über dynamische Bewegungen am Seil erfassen (Gruppe schwingt am Chicken Walk)

4.1.2 Testaufbau

Zwischen zwei 5 Tonnen schweren Betonblöcken wurde ein Höhlenseil mit dem Durchmesser von 10 mm mittels Flaschenzug und Seilspanner gespannt. Die Spannweite betrug in der 1. Serie 7,05 Meter, in der zweiten Serie 13 Meter.

Zwischen einem der Verankerungspunkte und dem Seil wurde ein Spannungsmessgerät (Kranwaage oder Dynamometer) gespannt, das bis zu 3 Tonnen Zug messen kann.

Diese Konstruktion wurde direkt unter einem Kran aufgebaut.

Mit dem Kran wurde die Seilmitte senkrecht in die Höhe gezogen und zwischen Seil und Kranhaken wieder eine Kranwaage (0,5 Tonnen) eingebaut.

Dadurch wurde eine vertikale Belastung des Seiles nach unten, wie sie beim Begehen eines horizontal gespannten Seiles auftritt, simuliert.

Die vertikale Belastung erfolgte in vier Schritten: 70 kg, 140 kg, 210 kg und 300 kg

Maschine

4.1.3 Messgeräte:

Kranwaage am horizontalen Seil (K3000):

- Messbereich bis 3 Tonnen
- Messfehler max. 1 % (30 kg)
- Abmessungen: Länge ca. 40 cm, Durchmesser ca. 7 cm
- Analoge Skala

Kranwaage zwischen Kranhaken und Seilmitte (K500):

- Messbereich 500 kg
- Messfehler max. 1 % (5 kg)
- Abmessungen: Länge ca. 30 cm
- Analoge Skala

Kranwaage

4.1.4 Testablauf

Es wurde die Belastung einer Seilbrücke durch Personen simuliert. Ein gespanntes Seil, bei dem mit einer Kranwaage (Messbereich bis 3000 kg) ständig die aktuelle Spannung gemessen wurde, wurde von einem Kranhaken, der ebenfalls durch eine Kranwaage (Messbereich 500 kg) mit der Seilmitte verbunden war, hochgezogen. Dadurch wurde eine Belastung des Seiles (normalerweise natürlich nach unten) simuliert.

Das Seil wurde an einem Verankerungspunkt fixiert und über den zweiten Verankerungspunkt mittels Flaschenzug und Seilspanner bis zu einer bestimmten Grundspannung gespannt.

Mit einem Maßband wurde der Abstand zwischen dem Boden und dem Seil gemessen.

Mit dem Kran wurde die Seilmitte solange angehoben, bis die Kranwaage K500 eine Belastung von 70 kg anzeigte. Dann wurde rasch der Wert auf der Kranwaage K3000 abgelesen und mit dem Maßband der Abstand Boden – höchster Punkt am Seil gemessen. Um ganz exakte Werte zu erlangen, wäre es hier notwendig, alle drei Werte zeitgleich abzulesen. Das ist aber praktisch unmöglich, die Messprozedur dauerte zwischen 10 und 15 Sekunden. In dieser Zeit ändern sich die Daten durch die Seildehnung ein wenig. Hier ist also eine gewisse Unschärfe entstanden.

Dieser Ablauf wurde bei den Werten (K500) 70 kg, 140 kg, 210 kg, 300 kg, 210 kg, 140 kg, 70 kg durchgeführt, was einer jeweiligen Belastung der Seilbrücke durch Personen entspricht. Die zweifache Messung aller P-Belastungen ist deswegen sinnvoll, da das Seil die Eigenschaft hat sich zu dehnen und daher nach einer stärkeren Belastung andere Werte gemessen werden.

4.1.5 Statische Spannungen am Seil unter Belastung – Messergebnisse

In der nachfolgenden Tabelle finden sich die Daten zu den Messungen.

Die „Länge" bezeichnet jene Strecke, die die Seilbrücke von Aufhängepunkt zu Aufhängepunkt überspannt. Sie bezieht sich also auf die Spannweite, nicht auf die Seillänge.

Die „Belastung" ist jenes Gewicht, das vertikal auf das Seil drückt.

Der „Durchhang" ist jene Strecke, die das Seil bei vertikaler Belastung hintergedrückt (in diesem Test als Simulation hochgezogen) wird.

„Messung K3000" ist der Messwert mit der Kranwaage, die die horizontale Spannung direkt auf der Seilbrücke misst. Der Wert ist in Dekanewton angeschrieben und entspricht Kilogramm.

Die Spalte „Rechnung" gibt jenen Wert in Dekanewton an, der Ergebnis bei der mathematischen Lösung der Angabedaten ist – gerechnet mit der Gruber-Wolf Formel.

„Abweichung in daN" gibt die Differenz zwischen dem gemessenen und dem gerechneten Wert an.

„Abweichung in %" gibt an, um wieviel Prozent der gemessene Wert vom gerechneten Wert abweicht.

Belastungstests

Länge in m	Belastung in kg	Durchhang in m	Messung K3000 in daN	Rechnung in daN	Abweichung in daN	Abweichung in %
L	P	D				
Testblock 1						
7,05	70	0,329	350	375	– 25,0	6,7 %
7,05	140	0,555	412,5	445	– 32,1	7,2 %
7,05	210	0,738	475	502	– 26,5	5,3 %
7,05	300	0,915	565	578	– 12,9	2,2 %
7,05	210	0,875	450	423	27,0	– 6,4 %
7,05	140	0,785	325	314	10,7	– 3,4 %
7,05	70	0,615	215	201	14,4	– 7,2 %
Testblock 2						
13	70	0,645	350	353	– 2,7	0,8 %
13	140	1,085	410	419	– 9,4	2,2 %
13	210	1,445	475	472	2,7	– 0,6 %
13	300	1,775	550	549	0,7	– 0,1 %
13	210	1,705	415	400	14,7	– 3,7 %
13	140	1,555	310	293	17,4	– 5,9 %
13	70	1,255	190	181	8,7	– 4,8 %
Testblock 3						
13	70	0,445	512,5	511	1,3	– 0,2 %
13	140	0,775	575	587	– 12,1	2,1 %
13	210	1,085	635	629	6,0	– 0,9 %
13	300	1,355	725	720	5,4	– 0,8 %

Belastungstests

Länge in m L	Belastung in kg P	Durchhang in m D	Messung K3000 in daN	Rechnung in daN	Abweichung in daN	Abweichung in %
Testblock 3 (Fortsetzung						
13	210	1,225	570	557	12,9	− 2,3 %
13	140	1,025	450	444	6,1	− 1,4 %
13	70	0,705	340	323	17,3	− 5,4 %
Testblock 4						
13	70	0,365	612,5	623	− 10,8	1,7 %
13	140	0,675	675	674	0,9	− 0,1 %
13	210	0,895	737,5	763	− 25,1	3,3 %
13	300	1,155	825	844	− 19,2	2,3 %
13	210	1,025	700	666	34,1	− 5,1 %
13	140	0,825	575	552	23,5	− 4,3 %
13	70	0,525	460	433	26,7	− 6,2 %
Testblock 5						
7,05	70	0,135	850	914	− 63,9	7,0 %
7,05	140	0,265	890	931	− 41,1	4,4 %
7,05	210	0,365	950	1.014	− 64,0	6,3 %
7,05	300	0,475	1050	1.113	− 63,2	5,7 %
7,05	210	0,395	890	937	− 47,0	5,0 %
7,05	140	0,305	775	809	− 34,0	4,2 %
7,05	70	0,175	700	705	− 5,0	0,7 %

4.1.6 Interpretation der Daten

In der auf den vorigen Seiten angeführten Tabelle werden die Messergebnisse mit der Gruber-Wolf Formel verglichen. Die Abweichungen sind nicht dramatisch und belegen, dass die Gruber-Wolf Formel anwendbar ist. Die Abweichungen führen wir auf Messfehler zurück, denn durch die Dehnung des Seiles ändert sich ständig die tatsächliche Spannung und es ist nicht möglich, den Durchhang und die Spannung genau zeitgleich abzulesen. Außerdem hat die Kranwaage eine Unschärfe bei der Messung von 1 %, das sind 30 daN.

Interessant ist auch, dass beim Spannen von 70 kg auf 300 kg die Differenz zwischen Messung und Rechnung meist positiv ist (das heißt, der Messwert liegt unter dem berechneten Wert), beim Entspannen von 300 auf 70 kg jedoch ist die Differenz meist negativ. Die Ursache dafür liegt ebenfalls bei der Seildehnung.

Belastungstests

4.2 Grundspannungen

Hier gibt es einige Basisdaten, die eine ungefähre Orientierung geben sollen, mit welcher Methode ein Seil wie stark gespannt werden kann. Die Werte sind in daN angegeben und bezeichnen die Vorspannung, also jene Seilspannung, die noch ohne vertikale Belastung vorherrscht. Alle Tests wurden mit einem 10 mm Statikseil durchgeführt.

Einfachseil

Personen	Bedingungen	daN
1	Untergrund Beton	50 – 60
1	Untergrund Waldboden	40 – 60
1	Untergrund Wiese	40 – 50
1	Untergrund nasse Wiese	30 – 50
2	Untergrund Beton	100 – 130
2	Untergrund Waldboden	80 – 130
2	Untergrund Wiese	80 – 120
2	Untergrund nasse Wiese	60 – 100

Flaschenzug mit 2 Rollen

Personen	Bedingungen	daN
1	Untergrund Beton	120 – 150
	Untergrund Beton, Fuß gegen Block gestemmt	210 – 260
1	Untergrund Waldboden	100 – 140
	Untergrund Waldboden, Fuß gegen Baum gestemmt	210 – 260
1	Untergrund Wiese	100 – 140
1	Untergrund nasse Wiese	80 – 140
2	Untergrund Beton	220 – 250
2	Untergrund Beton, Fuß gegen Block gestemmt	340 – 360

Flaschenzug mit 2 Rollen (Fortsetzung)

Personen	Bedingungen	daN
2	Untergrund Waldboden	180 – 220
	Untergrund Waldboden, Fuß gegen Baum gestemmt	340 – 360
2	Untergrund Wiese	180 – 220
2	Untergrund nasse Wiese	140 – 200

Seilspanngerät (1 Tonne)

Personen	Bedingungen	daN
1	Handfest	200 – 300
1	Einhändig anstrengend	300 – 400
1	Einhändig mit Körpereinsatz	400 – 600
1	Zweihändig mit Körpereinsatz, Zacke um Zacke	600 – 700
2	Zweihändig mit Körpereinsatz, Zacke um Zacke	700 – 900

4.3 Dynamische Belastungen

Sehr oft treten auf einem Seil dynamische Belastungen auf (eine Person beginnt am gespannten Seil zu schwingen). Diese Belastungen sind sehr schwer zu messen, weil das Messgerät selbst mitschwingt und es schwierig ist, im richtigen Moment (höchste Belastung des Seiles beim unteren Totpunkt der Schwingung) den richtigen Wert abzulesen.

Für die rasche Messung einer dynamischen Belastung bei einer Aktion im Wald ohne großen technischen Aufwand gibt es keine zuverlässigen Methoden oder einfachen Formeln. Vermutlich könnte man sich über die Zahl der Schwingungen pro Sekunde, der Erdbeschleunigung und anderen Werten mathematisch gut annähern, aber für die Praxis sind solche Berechnungen zu kompliziert. Was wir trotzdem in der Fachdiskussion anbieten wollen, ist eine Hypothese:

Bei einer dynamischen Belastung ändert sich das Personengewicht P scheinbar durch die Trägheit, die ja allen Körpern durch ihre Masse zueigen ist. Der Versuch auf der Personenwaage zeigt, dass durch Springen oder einfaches in die Knie gehen und wieder aufstehen das angezeigte Gewicht verändert werden kann.

Die Hypothese lautet: Wenn die Schwingung und das Schwungholen am Seil ausreicht, dass die Person mit den Füßen das Standseil gerade nicht verlässt (also der Schwung den Körper für einen Moment in den Zustand der Schwerelosigkeit versetzt) herrscht am unteren Totpunkt das doppelte Gewicht der Person.

Im Normalfall kann man jedoch bei dynamischen Bewegungen am Seil davon ausgehen, dass sich das Personengewicht am unteren Totpunkt um 20 – 50 % steigert.

Wie schon erwähnt ist das genaue Ausrechnen einer dynamischen Belastung sehr schwierig und für die rasche Überprüfung vor Ort gibt es keine geeigneten Methoden.

Auf keinen Fall gilt, dass bei dynamischen Belastungen der Durchhang die Spannung ausdrückt, man also einfach am tiefsten Punkt der Schwingung (unterer Totpunkt) den Durchhang misst und sich daraus die maximale Spannung mit den angeführten Formeln errechnet, denn bei einer dynamischen Belastung ist am unteren Totpunkt die Belastung am größten, obwohl auch der Durchhang am größten ist.

Hier exemplarisch einige Werte aus den Tests:

> Eine Person ist bei diesen Tests auf dem Seil gestanden und hat soviel wie nur möglich geschwungen.
>
> „Grundspannung F0 bezeichnet die Spannung am Seil in Dekanewton, ohne dass die Testperson das Seil schon vertikal belastet.
>
> „Fx statisch" bezeichnet die Spannung am Seil, wenn die Testperson ruhig am Seil steht und eine vertikale Belastung von 66 kg ausübt.
>
> „Fx dynamisch" bezeichnet die maximalste Spannung, die gemessen wird, wenn die Testperson am Seil so stark wie möglich schwingt.
>
> „Dx Pendel" bezeichnet die maximalste Strecke, die das Seil vertikal hin- und herschwingt.

Belastungstests

Dynamik

Länge	Grundspannung F0	P	Fx statisch	Fx dynamisch	Dx Pendel
m	daN	kg	daN	daN	Cm
13	125	66	230	325	20
13	325	66	380	450	50
13	435	66	490	575	30

4.3.1 Zusammenfassend

Wenn ein horizontal gespanntes Seil durch eine Person zusätzlich belastet wird, treten höhere Kräfte auf. Um wieviel höher diese Kräfte sind, hängt vom Durchhang ab und insofern von der Seildehnung, als diese, wenn sie nicht ausgeschöpft ist, einen Einfluss auf den Durchhang hat.

Würde man ein Seil mit einem Durchhang spannen, der gegen Null geht, würde die geringste Belastung, also auch das Eigengewicht reichen, um es zum Reißen zu bringen.

„Über den Durchhang regelt sich alles".

Der Durchhang ist vermutlich der nützlichste Parameter im praktischen Gebrauch und er ist auch sehr aussagekräftig.

Im Bau von Hochspannungsleitungen und Seilbahnen wird die Spannung ebenfalls über den Durchhang reguliert und eingestellt.

Reißtests

5

5 Reißtests

Auf der Suche nach Antworten, welche Kräfte nun wirklich beim Spannen und anschließenden Belasten von Statikseilen auftreten, wollten wir uns nicht ausschließlich auf die Mathematik und Statik verlassen, daher haben wir begonnen, praktische Tests durchzuführen. Einerseits haben wir Belastungstests durchgeführt, die in Kapitel 4 angeführt sind, wobei es hauptsächlich um die Überprüfung der Formeln gegangen ist und andererseits Reißtests, bei denen wir verschiedene Seilproben und Knoten auf ihre Bruchlast überprüft haben.

5.1 Übungsaufbau

Die Seilstückproben wurden vor den Tests gekennzeichnet und fotografiert, Proben, die nass gerissen werden sollten, wurden über Nacht ins Wasser gelegt. Die Proben wurden in einer Maschine von einem Kolben so lange gezogen, bis sie gerissen sind. Es wurden bei diesen Tests insgesamt 33 Seilproben zerrissen.

5.1.1 Daten der Maschine:

Kolbenweg: 1 Meter
Zugkraft: 100 Tonnen
Messgenauigkeit: 1 % Fehler
Zuggeschwindigkeit: 600 mm/min
Messwert 1: Bruchwert
Messwert 2 : Maximalwert

Die Proben wurden zwischen zwei Bolzen eingespannt, wobei einer fix montiert und der andere beweglich am Zugkolben befestigt war.

Bei den Proben mit Knoten wurden die Schlingen direkt in die Bolzen eingehängt. Bei Proben ohne Knoten wurde, um das Ergebnis nicht zu verfälschen, das Seil erst dreimal um ein Stahlrundstück mit 20cm Durchmesser beim beweglichen Teil der Maschine gewickelt (erster Haltepunkt), dann das Seil um ein weiteres Stahlrundstück beim fixen Teil (zweiter Haltepunkt) herum und zurück zum ersten Haltepunkt geführt. Dort wurde es wieder dreimal herumgeführt. Würde das Seil zwischen den beiden Haltepunkten geknotet werden, würde es im Knoten reißen und so das Messergebnis verfälschen.

Die Seilstücke wurden möglichst kurz eingespannt, denn je länger das Seil, desto stärker ist auch die Dehnung. Weil aber der Kolbenweg auf maximal einen Meter beschränkt ist, wurden die Seilstücke bei einem Abstand von einem halben Meter eingespannt und mussten so nicht nachgesetzt werden.

5.1.2 Bruchwert/Maximalwert

- Der Bruchwert: Das ist jene Spannung in Kilonewton, den die Maschine misst, wenn sich die Spannung plötzlich um mehr als 50 % verringert. Das heißt nicht automatisch, dass dabei das Seil ganz durchreißt.
- Der Maximalwert: Das ist jene Spannung, bei der das Seil entgültig durchreißt.

5.2 Knoten

Knotenbruchlasten sind ein Thema, über das es öffentlich zugänglich kaum zuverlässige Daten gibt.

Für Statikseile gibt es bei Typ A Seilen den Wert von 15 kN (1500 daN), den ein Seil mit Knoten halten muss, um in die Verkaufsregale zu gelangen. Bei Kletterseilen sind diese Tests nicht vorgeschrieben.

Nach der EN 1891

	Ohne Knoten, Laborsituation	Mit Knoten, Laborsituation
Statikseile Typ A	22 kN (2.200 daN)	15 kN (1.500 daN)
Statikseile Typ B	18 kN (1.800 daN)	12 kN (1.200 daN)

Weil jede Konstruktion mit Seilen meistens mit Knoten gemacht wird und diese der schwächste Punkt sind, halten wir es für notwendig, diesem Kapitel eine besondere Aufmerksamkeit zu schenken. Wir haben auch speziell darauf abzielend Seilproben mit verschiedenen Knoten zerrissen. Dabei haben wir die drei häufigsten Knoten nämlich Achterknoten, Sackstich und Mastwurf unter die Lupe genommen:

Getestet wurden je zwei Proben mit demselben Knoten in einem gebrauchten, aber nicht abgenützten Seil. Wie vermutet hat der Achterknoten am längsten gehalten, nämlich bis zu einer Zugkraft von 20 bis 22,5 kN (entspricht 2000 – 2250 kg). Der Achter zählt zu den Knoten, die das Seil am meisten schonen.

Renommierte Firmen wie Beal und Edelweiß geben an, dass ein Achterknoten die Bruchlast um ca. 30 % verringert.

Das Sicherheitsreferat des Österreichischen Alpenvereins bestätigt diese Zahl und gibt folgende Regel an: Ein Knoten, egal welcher, kann das Seil bis zu 36 % schwächen.

Das Technische Überprüfungszentrum Wien gibt die Reduktion bei einem 10 mm Höhlenseil bei einem Achterknoten mit 25 % und bei einem Sackstich mit 40 % an. Bei Reepschnüren ist mit noch größeren Verlusten zu rechnen.

Das Sicherheitsreferat des Deutschen Alpenvereins gibt an, dass die maximale Festigkeitsreduzierung bei 45 % liegt. In der Bergführerausbildung wird allerdings eine Reduzierung von 50 % gelehrt.

Natürlich spielen hier wieder viele Faktoren (Material, Seildicke, ...) mit. Daher ist es auch fast unmöglich, exakte Daten zu bekommen.

Ein Knoten schwächt das Seil offensichtlich enorm und er ist in den allermeisten Fällen auch der Punkt im Seil, der letztendlich reißt. Das liegt daran, das ein Knoten, der sich zusammenzieht, den Kern, also den tragenden Teil eines Seiles, immer weiter abbiegt und schließlich der Radius so klein wird, dass die einzelnen Fasern geknickt werden. Wenn ein Seil gebogen wird, ist es außerdem so, dass die Fasern, die vom Radiusmittelpunkt weiter entfernt sind, eine weitere Strecke überspannen müssen, das bedeutet, dass die Außenfasern weit mehr gedehnt werden als die Innenfasern und letztendlich auch zuerst reißen.

Ein Knoten, der engere Radien zulässt, reißt also schneller. Genauso: Eine Kante, die engere Radien zulässt, bringt ein Seil schneller zum Reißen.

5.2.1 Der Achterknoten:

Der Achterknoten – lose

Der Einfache Achterknoten bildet sich, wenn man bei zwei sich überlappenden Überhand- und Unterhandknoten (Sackstich nach oben/nach unten gewendet) das freie Ende zurück durch das erste Auge führt. Seine Ähnlichkeit mit der arabischen Acht hat ihm den Namen gegeben.

Eine Schlinge mit Achterknoten ist deswegen einer der schonensten Knoten, weil die Radien nie so eng werden wie zum Beispiel beim Sackstich oder beim Mastwurf. Er zählt deswegen auch zu den sichersten Knoten und wird beim Klettern standardmäßig zum Einbinden in den Sitz- und Brustgurt verwendet. Er lässt sich auch nach Belastung gut lösen und läuft nicht zu. Bei unseren Tests sind die Achter im 10 mm Statikseil zwischen 20 und 22,5 kN gerissen. Auffällig war dabei, dass die sorgfältig geknoteten Knoten weit besser gehalten haben, als die schnell und unsauber geknoteten Achter.

Häufig passiert es, dass beim Legen der Achterschlinge die beiden Seilstränge nicht exakt parallel durch den Knoten laufen, sondern sich im Knoten verdrehen und auch sichtbar „falsch" liegen. Besonders schnell passiert das bei einem Seil, das stark verkrangelt (Mantel gegen Kern verdreht) ist. Einen nicht sauber gelegter Achter erkennt man nach Belastung daran, dass sich eine extrem fest gezogene, und eine eher lockere Schlaufe gebildet hat. Ein schön gelegter Knoten hält um zirka 10 % mehr als ein verdreht gelegter Knoten.

Der Achterknoten – gerissen

5.2.2 Der Sackstich:

Er ist der einfachste Knoten und wird auch der Einfache Knoten, Überhandknoten oder ganz banal „Knopf" genannt.

Eine Schlinge mit diesem Knoten hält natürlich weniger aus als die Achterschlinge. Allerdings waren wir erstaunt, dass die Ergebnisse nicht bedeutend unter denen der Schlingen mit Achterknoten gelegen sind. Ein großer Nachteil ist jedoch, dass sich der Sackstich schlechter lösen lässt als der Achterknoten. Die Schlinge, die mit einem Sackstich geknotet wird, reißt bei 19 kN. Bei diesen beiden Knoten im Vergleich wird klar: Es ist nicht so sehr die Frage, ob Achter oder Sackstich, jedoch vielmehr, ob sorgfältig gelegt oder nicht. Das hat offensichtlich weit mehr Einfluss auf die Knotenbruchlast.

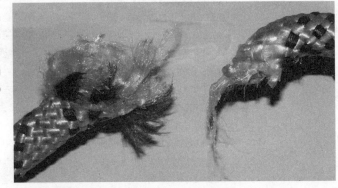

Sackstich – Bild oben: Sackstich – gerissen

5.2.3 Der Mastwurf (Weberleinenstek, Maurerstek)

Der Mastwurf um einen Schäkel oder Karabiner gelegt hält nur noch 14 kN. Dieser Klemmknoten zieht sich sofort um den Schäkel und um sich selbst so fest, dass er ab 14 kN beginnt, sich selbst abzuklemmen. Er verrutscht dabei keinen Millimeter. Ab einer Belastung von 10 kN ist er kaum noch zu lösen. Verwendet man daher den Mastwurf in der Praxis, so ist es sinnvoll, zwei Karabiner in der Mastwurf einzubauen, um sie dann beim Abbau der Seilkonstruktion gegeneinander verdrehen und den Mastwurf wieder lösen zu können.

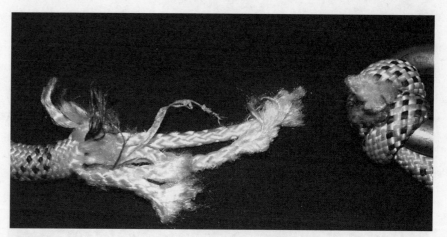

Mastwurf

5.2.4 Statikseile ohne Knoten

Um Bezugsdaten für die Knotenbruchlasten zu bekommen, haben wir auch Statikseile ohne Knoten gerissen. Hier lagen die Werte zwischen 31 kN und 29,25 kN. Die Seile waren viel gebraucht und zirka 2 Jahre in Verwendung. Als Bezugsquelle für die Knotenbruchlasten bedeutet das, dass die Knoten in unserer Testreihe die Bruchlast der Seile um 30 – 45 % gesenkt haben, im Falle des Mastwurfes sogar um knapp 60 %.

Seil gerissen

5.3 Bandschlingen

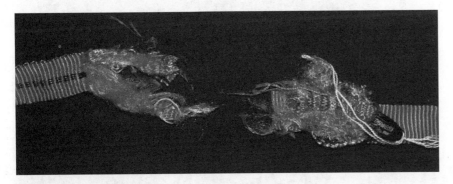

10 verschiedene Bandschlingenproben wurden auf Maximalbelastung und Bruch getestet. Alte, gebrauchte Bandschlingen hielten im Vergleich zu neuen Bandschlingen um 20 – 50 % weniger aus. Neue, genähte Bandschlingen zerrissen beim Zug von 24 – 25 kN am genähten Teil.

Die Herstellerangaben waren bei den Probestücken bei 22 kN angesiedelt, sie liegen damit 10 % unter den tatsächlichen Bruchlasten.

Geknotete Bandschlingen (mit Bandschlingenknoten) rissen bei 20,2 – 22,5 kN, natürlich im Knoten. Damit halten die geknoteten Bandschlingen also um ca. 15 % weniger aus als ihre genähten Kolleginnen.

Bandschlingen

Die alten Bandschlingen waren ausschließlich geknotet und liegen in den Werten zwischen 14 kN und 16 kN, halten also sichtbar weniger aus, als die neuen, geknoteten Bandschlingen. Bis auf eine einzige Bandschlinge, die wir als besonders alt und abgenützt zu den Probestücken gaben, um auch Daten über stark benutztes Material zu bekommen, sind alle Bandschlingen entweder am Knoten oder an der Nahtstelle gerissen. Diese eine sehr alte Bandschlinge widerstand der Zugkraft bis 14 kN und liegt damit 11 % unter der eigentlichen Herstellerangabe.

Probe	Art	laut Hersteller	F br	F max	Sicherheit
Bandschlinge	genäht, neu	22	25,18	25,19	14 %
Bandschlinge	genäht, neu	22	23,99	24,41	9 %
Bandschlinge	geknotet, neu	16	20,21	20, 37	26 %
Bandschlinge	geknotet, neu	16	21,47	21,96	34 %
Bandschlinge	geknotet, alt	16	17,3	17,44	8 %
Bandschlinge	geknotet, alt	16	16,93	17,25	6 %
Bandschlinge	geknotet, uralt	16	14,18	14,18	– 11 %
Bandschlinge	geknotet, alt, nass	16	14,35	15,07	– 10 %
Bandschlinge	geknotet, alt, nass	16	16,2	16,92	1 %

5.4 Reepschnüre

Reepschnüre sind im Aufbau den Statikseilen ähnlich, haben auch eine geringe Dehnung und sind relativ unempfindlich gegen Nässe und Schmutz. Die Formel, mit der man vom Reepschnurdurchmesser auf die Bruchkraft (ohne Knoten) kommt, lautet:

$$\text{Bruchlast}_{\text{in daN}} = \text{Durchmesser}_{\text{in mm}}^2 \times 20$$

In der Tabelle sind Bruchkräfte von Reepschnüren mit verschiedenen Durchmessern zusammengefasst:

Durchmesser	Bruchkraft laut Formel	Edelrid-Reepschnur	Mammut-Reepschnur
2 mm	0,8 kN	0,8 kN	0,85 kN
3 mm	1,8 kN	2,3 kN	1,8 kN
4 mm	3,2 kN	4,1 kN	4,0 kN
5 mm	5,0 kN	5,8 kN	5,5 kN
6 mm	7,2 kN	9,7 kN	8,0 kN
7 mm	9,8 kN	11,8 kN	11,0 kN
8 mm	12,8 kN	14,8 kN	15,5 kN

Die Tests bei den Reepschnüren waren ausschließlich Knotenbruchlast-Tests. Getestet wurden acht Reepschnurstücke mit dem Achterknoten, dem Sackstich und dem Mastwurf um einen Schäkel. Die Werte liegen weit unter den Bruchlast-Angaben ohne Knoten, im extremsten Fall reduzierte ein Sackstich die Bruchlast um 64 % von 720 daN auf 260 daN. Die Werte der zerrissenen Reepschnüre mit Knoten liegen zwischen 260 daN und 370 daN. Diese Daten machen deutlich, dass das Spannen von Seilen oder Seilbrücken mit Hilfe von Reepschnüren (Methode Prusikknoten) an die Grenzen des Materials geht und davon unbedingt abzuraten ist.

In der nachstehenden Tabelle sind die wichtigsten Testergebnisse aufgelistet.

„F br ohne Knoten" ist die Bruchlast der Reepschnur laut obenstehender Formel.
„F br" ist die tatsächliche Kraft, die die Reepschnur zum Reißen gebracht hat.

Werte in kN (100 kg entsprechen 1 kN)

Probe	Knoten	F br ohne Knoten	F br	F max	Knoten reduziert um:
Reepschnur 6 mm	Achter	7,2	3,64		49 %
Reepschnur 6 mm	Achter	7,2	3,45		52 %
Reepschnur 6 mm	Sackstich	7,2	3,47	3,58	52 %
Reepschnur 6 mm	Sackstich	7,2	2,64	2,76	63 %
Reepschnur 6 mm	Achter, nass	7,2	3,39	3,4	53 %
Reepschnur 6 mm	Achter, nass	7,2	3,29	3,33	54 %
Reepschnur 6 mm	Mastwurf um Schäkel	7,2	3,67	3,64	49 %
Reepschnur 6 mm	Mastwurf um Schäkel	7,2	3,45	3,2	52 %

5.5 Wie Seile, Reepschüre und Bandschlingen reißen

In Filmen löst die Szene Dramatik aus: Litze um Litze reißt das Seil langsam durch, immer wieder wechselt die Kameraeinstellung von den verzweifelten Gesichtern zur Großaufnahme von jener Stelle, an der das Seil gerade reißt. Es dreht sich auf, Strang nach Strang gibt der Zugkraft nach und zuletzt hängt die Hauptperson nur mehr an einem dünnen Faden, dem Lebensfaden. Ob dieses Bild nun metaphorisch wertvoll ist oder nicht, will ich an dieser Stelle nicht beurteilen, klar ist jedoch, dass die Prozedur des Reißens in Wahrheit ganz anders abläuft.

Seile reißen immer an der schwächsten Stelle und die ist dort, wo das Seil gekrümmt wird. Der Krümmungsradius ist dabei der entscheidende Faktor. Fast immer tritt beim Knoten die stärkste Krümmung auf, daher reißen Seile entweder im Knoten, oder an einer Stelle, die durch eine Seilverletzung noch schwächer ist. Auch Kanten haben einen Krümmungsradius und je kleiner dieser ist, desto schärfer ist die Kante. Läuft ein Seil über eine Kante, die das Seil stärker knickt als der Knoten, wird es vermutlich zuerst dort reißen.

Wenn die Zugmaschine beginnt, den Kolben einzuziehen und das Seil sich spannt, beginnen sich zuerst die Knoten zusammenzuziehen. Bei den Achterknotenschlingen und Sackstichschlingen, die nicht schön gelegt sind, weil die beiden Seilstränge nicht genau parallel durch den Knoten laufen, zieht sich einer der beiden Stränge fester zusammen und der andere bildet eine offenliegende Schlaufe.

Beim Mastwurf wurde beobachtet, dass, obwohl sich der Knoten überhaupt nicht mehr bewegte oder drehte, ganze 11 cm Seil noch aus dem Knoten herausgezogen wurden. Das aus dem Knoten herauslaufende Seil macht den Anschein, dabei ständig nachproduziert zu werden.

Beim weiteren Spannen kann es sein, dass vereinzelt ein Knacken zu hören ist. Das sind bereits einzelne Seilfasern, die geräuschvoll (auch neben dem enormen Lärm der Maschine hörbar) reißen. Bei manchen Seilproben trat dieses Knacken relativ früh auf, bis zu 7 kN (entspricht 700 kg) vorher, bei manchen erst kurz vor dem Seilriss, und bei der Hälfte der Proben knackte es gar nicht, sondern das Seil riss ohne jede akustische Vorwarnung mit einem Knall durch.

Das bedeutet, dass dieses Seilknacken kein sicheres Indiz für eine Überlastung ist, oder: Es gibt kein sicheres Anzeichen oder Symptom, dass das Seil in Kürze reißen wird.

Allerdings muss ein Seil, bei dem ein Knacken (meist im Knoten) gehört wird, sofort entlastet werden. Das Geräusch ist im Unterschied zu einem sich zusammenziehenden Knoten oder einem Verrutschen des Seiles am Baum ein deutlich hörbarer Knall, ähnlich eines Minikrackers (ca. 2 cm große, dynamitstangenähnliche Knallkörper mit kleiner Zündschnur).

Der Seilriss selber ist ein lauter Knall, sehr plötzlich und oft ohne jede optische oder akustische Vorwarnung. Das Seil explodiert förmlich und schnalzt unkontrolliert in irgendeine Richtung davon. Die Stelle, an der das Seil gerissen ist, ist spürbar warm und die Fasern von der freigewordenen Energie teilweise verschmolzen und verklebt.

Bei Reepschnüren und Bandschlingen verhält es sich genauso und sie stehen auch in der Lautstärke den Seilen um nichts nach. Nur bei den genähten Bandschlingen sieht man meistens, wie die Kraft die Nähfäden auseinanderzieht und einige schon gerissen sind.

Seilriss

Übungsaufbau

Übungs-
aufbau

6

6 Übungsaufbau

6.1 Allgemeines

6.1.1 Rahmenbedingungen

Günstige Rahmenbedingungen für den Bau von Low Elements sind ein lichter Wald oder eine Wiese mit Bäumen im Abstand von 4 – 8 Metern und ein weicher Boden.

Bei High Elements eignen sich Laubbäume besser als Nadelbäume, weil bei letzteren sehr viele dünne Äste direkt aus dem Stamm wachsen und das den Aufstieg schwierig macht. Laubbäume hingegen haben oft auch dickere Astgabeln, um die Bandschlingen gelegt werden können und bieten meist auch bessere Möglichkeiten des Aufstiegs.

Wenn viel Material zu transportieren ist, ist natürlich eine Zufahrtsmöglichkeit günstig.

6.1.2 Aufbau mit der Gruppe

In vielen Fällen ist es methodisch günstig, gemeinsam mit der Gruppe das Element aufzubauen. Dazu sind ein wenig Knotenkunde und Seiltechnik notwendig. Mit Reepschnüren kann schnell veranschaulicht werden, wie die Konstruktion aussehen soll.

Beim Aufbau mit Gruppen sollte möglichst auf aufwändige Hilfsmittel wie Seilspanner und ähnliches verzichtet werden, die Gruppe ist im Allgemeinen ohnehin groß genug, um mit einem Flaschenzug genug Spannung aufbauen zu können.

Die Aufgabe der TrainerIn ist dann, beim Aufbau auf die Sicherheit zu schauen, für Fragen da zu sein und zuletzt den allgemeinen Sicherheitscheck durchzuführen.

Aufbau mit der Gruppe

6.1.3 Aufbau ohne Gruppe

Wenn das Element alleine oder zu zweit gebaut werden soll, kann ohne Hilfsmittel wie zum Beispiel einem Seilspanner meist nicht genügend Spannung aufgebaut werden. Gerade bei Übungen wie dem Chicken Walk (Mohawk Walk) geht sehr viel Spannkraft durch die Reibung der Umlenkpunkte verloren. Flaschenzug und Seilspanner kombiniert ergeben eine ausreichende Spannung, um auch als Einzelperson das Element aufbauen zu können.

Übungsaufbau

6.2 Oft verwendete Elemente

6.2.1 Seilbrücke

Es gibt sehr viele Varianten, eine Seilbrücke zu bauen, die gebräuchlichsten wollen wir hier vorstellen:

1. Ein Tragseil, ein Sicherungsseil: Die Person wird mit einer Rolle direkt beim Sitzgurt im Tragseil eingehängt, befindet sich also in liegender Position unter dem Seil, die Beine werden über dem Seil überkreuzt und nachgezogen. Die Schuhe sollten aus festem Material sein, weil über die gesamte Seillänge zumindest ein Schuh mit beträchtlichem Gewicht scheuernd über das Seil gezogen wird. Am Sicherungsseil wird eine Bandschlinge eingehängt und mitgezogen.
2. Ein Tragseil, ein Stabilisierungsseil. Zwei Seile werden mit einem Abstand von 150 – 220 cm genau übereinander oder leicht versetzt gespannt, die Person geht auf dem unteren und hält sich mit beiden Händen am oberen an. In beide Seile sind Bandschlingen eingehängt.
3. Ein Tragseil, zwei Stabilisierungsseile, zwei Sicherungsseile (Burma-Bridge). Das Tragseil und die beiden Stabilisierungsseile bilden eine dreieckige Form, die Person kann sich bei den Stabilisierungsseilen links und rechts anhalten (Abstand vom Tragseil also 100 – 120 cm. Die drei Seile sind durch Reepschnüre miteinander verbunden und dadurch zusätzlich stabilisiert. Über zwei darüber laufende Sicherungsseile wird die redundante Personensicherung hergestellt.

6.2.2 Das V

Ein Statikseil wird in der Form eines V gespannt, um darauf eine Partnerübung zu machen.

Die drei Bäume sollten in einem gleichschenkeligen Dreieck stehen, wobei die beiden gleichen Seiten ca. 5 – 8 Meter und die Basis ca 4 – 5 Meter lang sein sollten.

Das Seil wird nun soweit als V ausgelegt, dass zwischen der Spitze und dem dazugehörigen Baum etwa 3 Meter zum Spannen bleiben. Das Seil wird mit den beiden Bäumen der Dreiecksbasis fix verknotet.

In den dritten Baum wird nun ein Spannsystem (Flaschenzug, Seilspanner) eingehängt und die Spitze des V solange gezogen und gespannt, dass zwei Personen auf dem Element stehen können, ohne dass es bis zum Boden durchhängt.

6.2.3 Das Y

Statikseile werden in der Form eines Ypsilons gespannt, um darauf verschiedene Partner- oder Gruppenübungen zu machen.

Wieder sind drei Bäume notwendig, um dazwischen das Element aufzuspannen. Wie beim V wird ein Seilstück fix bei zwei Bäumen angebunden, wie lang dieses Seilstück ist, hängt davon ab, wie lange das Fußstück des Ypsilons sein soll. Hier wird man möglicherweise ein zweites Mal beginnen müssen, um auf das optimale Ypsilon zu kommen.

Das Fußstück dient als Spannelement.

6.2.4 Der Chicken Walk

Chickenwalk

Eine bekannte Gruppenübung, bei der eine Gruppe über ein zwischen mehreren Bäumen gespanntes Seil geht.

Grundsätzlich ist die Übung nicht kompliziert: An einem Ende wird das Seil fix am Baum festgemacht, am anderen Ende wird gespannt, und dazwischen wird das Seil über mehrere Bäume umgelenkt.

Hauptproblematik beim Chicken Walk ist, dass durch die Umlenkungen an den Bäumen sehr viel Spannung verloren geht und dass diese Umlenkungen (Bandschlinge oder Statikseilstück, Karabiner mit oder ohne Rollen daran) sehr eng am Baum anliegen müssen, um zu verhindern, dass das Seil bei Belastung nicht am Boden ankommt. Die Höhe des Chicken Walks sollte eher niedrig sein, damit beim einseitigen Abrutschen vom Seil dieses nicht die Genitalien verletzen kann. Natürlich hängt ein niedrig gespanntes Seil bei Belastung schneller bis zum Boden durch, es muss daher auch fester gespannt werden.

Durch Rollen und sehr offene Winkel bei den Umlenkungen kann ein zu starker Reibungsverlust verhindert und ein Chicken Walk mit 4 – 5 Bäumen gespannt werden. Wenn zuviel Reibung es unmöglich macht, den gesamten Chicken Walk ausreichend zu spannen, muss an beiden Enden ein Spannsystem eingebaut werden.

6.2.5 Das Z

Das Z ist ähnlich wie der Chicken Walk eine Partner- oder Gruppenübung und zwischen vier Bäumen gespannt.

6.2.6 Die Spinne

Die Spinne ist eine mehrarmige Konstruktion mit einem Seilring als Zentrum in der Mitte. Von fünf oder sechs Bäumen laufen Seile in die Mitte und werden dort von einem Seil- oder Bandschlingenring zusammengehalten. Für jeden Arm bis auf einen muss ein eigenes Spannsystem eingerichtet werden. Diese Systeme werden am besten gleichzeitig gespannt. Der Aufbau dieses Elementes kann zu zweit mühsam und aufwändig werden.

6.3 Variationen beim Material

6.3.1 Bandschlingen

Anstatt bei den Konstruktionen Statikseile zu verwenden, kann natürlich auch die Bandschlinge als Spannmaterial dienen. Vorteil ist die sehr geringe Dehnung, was bedeutet, dass die gesamte Konstruktion nicht zu stark gespannt werden braucht. Preislich gibt es kaum Unterschiede, ein Meter Bandschlingenmaterial kostet ungefähr das selbe wie ein Meter Statikseil. Der Nachteil ist, dass es wenig Zusatzmaterial wie Karabiner, Rollen oder Klemmen für Bandschlingen gibt. Was man bekommt, sind Dreieck-Ringe, die man in Kombination mit einem Karabiner als Umlenkpunkt verwenden kann.

6.3.2 LKW-Zurrgurte

Üblicherweise werden sie benutzt, um Lasten auf LKW´s und Anhänger festzuzurren. Sie sind in verschiedensten Ausführungen im Fachhandel erhältlich, am sinnvollsten ist die Verwendung von ca. 4 Zentimeter breiten, CE und TÜV-geprüften Zurrgurten, die etwa einer Zuglast von maximal 40 kN standhalten. Sie haben eine ähnliche oder höhere Festigkeit wie Statikseile, haben einen sehr geringen Dehnungsfaktor, so dass der Zurrgurt kaum fest gespannt werden muss und ähnlich wie ein Stahlseil nicht besonders stark durchhängt. Weiters ist das Spannsystem einfach und schnell zu bedienen und außerdem ist es sicher, weil das ganze System CE und TÜF geprüft ist. Der wirklich große Vorteil ist jedoch das Fehlen jeglicher Knoten in der Konstruktion: Es gibt hier nichts, was die maximale Zuglast von 40 kN mindert. Das schwächste Element der Konstruktion wird die Bandschlinge sein. Diese kann jedoch durch Schwerlastschlingen ersetzt werden. Es gibt daher nur wenige Argumente, die gegen eine Verwendung dieser Zurrgurte sprechen:

LKW-Zurrgurt

- Das Spannsystem ist ein sehr großes Metallteil, das bei Verwendung unbedingt mit einem selbstgemachten Polster abgedeckt werden muss, um an dieser Stelle Verletzungen durch TeilnehmerInnen zu vermeiden.
- Zurrgurte sind grundsätzlich nicht zur Personensicherung geeignet.
- Die Fixpunkte an den Bäumen sind meist Bandschlingen. Rein optisch ist das aber nicht sehr vorteilhaft, weil die Bandschlinge im Gegensatz zum Zurrgurt sehr dünn aussieht und sich für einen Laien sofort Sicherheitsbedenken aufdrängen. Hier sind Schwerlastschlingen zu empfehlen.
- Sie sehen möglicherweise insgesamt als Konstruktion ungewöhnlich aus, und wer gewohnt ist, mit der guten alten Methode der Statikseile und Flaschenzüge zu bauen, wird die Ästhetik und die technischen Feinheiten vermissen.
- Es gibt nicht allzu viel Zusatzmaterial zu kaufen, was den absolut kreativen Umgang mit diesem Material einschränkt.

Wenn der Bau der Konstruktion Teil des methodischen Settings ist, ist diese Variante auch nicht zu empfehlen. Sie eignet sich für den raschen, kurzfristigen und unkomplizierten Aufbau von Elementen ohne TeilnehmerInnen.

Was nicht funktioniert ist eine Kombination von Statikseilen und Zurrgurten, weil der Spannmechanismus der Zurrgurte maximal 70 cm Gurt aufrollen kann. Das reicht zwar bei der alleinigen Verwendung von Gurten, ist jedoch wegen der Dehnung des Statikseiles absolut zu wenig.

6.3.3 High Tech

Rollen mit Kugellager statt nur Karabiner, Seilklemmen statt Prusik, Lochplatten, Seilspanner, Doppelrollen, GriGri ...

Diese High-Tech Varianten sind aufwändig und teuer, lassen aber keinen Wunsch offen und machen fast alles möglich. Nach Herzenslust kann damit herumgebaut werden. Ein Beispiel ist eine Seilbrücke, an der eine Person hin- und hergezogen werden und dabei auch unabhängig auf und abgelassen werden kann. Das ganze redundant, also mit zwei vollwertigen, unabhängigen Sicherungen aufgebaut ist eine Materialschlacht, bei der sicher auch die bauwütigsten Gruppen auf ihre Rechnung kommen.

Wer auf diese Art mit einer Gruppe arbeiten möchte, muss tief in die Tasche greifen oder einen guten Sponsor finden und hat auch einiges zu schleppen.

6.4 Spannungsmethoden

6.4.1 Flaschenzug

Der Flaschenzug ist eine uralte Methode, um Lasten zu heben und Seile zu spannen. Der Flaschenzug hilft beim Heben oder Spannen, die Zugkraft zu verringern. Der Preis für diese Zugkraftverringerung ist, dass mehr Seil durch den Flaschenzug laufen muss. Es ist weniger Kraft notwendig, dafür muss sie aber länger aufgebracht werden, Arbeit erspart man sich also leider damit nicht.

Verringert sich bei einer „losen Rolle" die Kraft um die Hälfte, muss die doppelte Länge Seil durchgezogen werden. Verringert sich die Kraft auf ein Sechzehntel, muss sechzehnmal soviel Seil durchgezogen werden. Dies gilt natürlich nur bei einer minimalen Reibung. Sobald zum Beispiel ein dreifacher Flaschenzug, der am üblichsten ist, so gebaut wird, dass die Seile ausschließlich über Karabiner laufen und keine Rollen eingebaut werden, wird die Reibung noch einiges von der Kraftersparnis wegnehmen.

6.4.1.1 Wie es nicht sein soll:

Eine Methode, den Flaschenzug zu bauen, die nicht zu empfehlen aber üblich ist, ist folgende:
Das Tragseil läuft direkt beim Baum 180° durch eine Rolle. Am Tragseil ist mit einem Prusikknoten eine Reepschur festgeklemmt, an der wiederum ein Karabiner mit Rolle befestigt ist. In dieser Rolle wird das Endstück des Tragseils wieder um 180° umgelenkt und so gespannt. Es ist ein dreifacher Flaschenzug entstanden, der den Vorteil hat, dass man das Seil immer wieder nachspannen kann, weil einfach nur das Seil gelockert, der Prusik nachgeschoben und das Seil dann wieder gespannt werden muss.

Der große Nachteil an dieser Methode ist die Reepschur. Damit die Reepschur gut klemmt, darf ihr Durchmesser nicht allzu groß sein. Auf einem 10 mm Statikseil klemmt eine 6 mm Reepschur ausreichend, 7 mm sind schon zuviel, der Prusik beginnt durchzurutschen. Die Zahlen sprechen eine deutliche Sprache: eine 6 mm Reepschur hält ohne Knoten 720 daN und mit Knoten um bis zu 60 % weniger aus, also zirka 300 – 350 daN. Mit diesen Werten ist klar: Diese Methode ist zum Bau von Seilbrücken unbrauchbar und eine Gefährdung der TeilnehmerInnen.

Übungsaufbau

6.4.1.2 Konstruktion mit Seilklemmen:

Statt des Prusiks kann eine Seilklemme (Ropeman Fa. WildCountry, Tibloc Fa. Petzl, ...) eingesetzt werden. Allerdings ist bei diesen Klemmen angegeben, dass sie ab 400 daN Belastung zu rutschen beginnen. In der Praxis halten sie schon ein wenig mehr aus, allerdings sind sie für starke Spannungen (über 500 – 600 daN) nicht mehr geeignet. Bei nassen oder vereisten Seilen muss man den Rutschwert stark nach unten korrigieren. Für jene unter den LeserInnen, die beim Bau von Konstruktionen ohnehin nicht über 500 – 600 daN kommen möchten, ist eine solche Seilklemme allerdings ein geniales Sicherheitssystem: Wird der Wert überschritten, rutscht die Klemme und gibt solange Seil nach, bis die Spannung wieder unter den Wert gefallen ist.

Ropeman

6.4.1.3 Konstruktion mit Mastwurf

Eine weitere brauchbare und sichere Variante ohne die Verwendung von Seilklemmen sieht so aus:

Statt dem Prusik werden direkt in das Tragseil zwei Karabiner mit einem Mastwurf eingebunden. Das Ende des Tragseils läuft zuerst durch einen Karabiner (mit Rolle), der an einem Baum fixiert ist, dann zurück zu den beiden fix eingeknoteten Karabinern und durch diese durch. So kann der Flaschenzug gespannt werden. Nachteil ist natürlich, dass beim Nachspannen möglicherweise auch der Mastwurf nachgesetzt werden muss, wenn der Mastwurf nicht in weiser Voraussicht im Seil weit nach vorne gesetzt wurde. Nachspannen wird dann zu einer mühsamen Prozedur. Der Vorteil ist jedoch, dass keine schwächeren Teile verwendet werden.

Warum zwei Karabiner in das Tragseil einbinden? Erstens ergeben zwei Karabiner einen besseren Radius und die Kernfasern des Seiles werden nicht zu extrem abgeknickt, und zweitens ist nach Benutzen der Seilbrücke ein Mastwurf um einen Karabiner nicht mehr aufzukriegen, weil sich das Seil um den Karabiner festbeißt. Wenn jedoch zwei Karabiner eingebunden wurden, können sie gegeneinander verdreht werden und der Knoten löst sich.

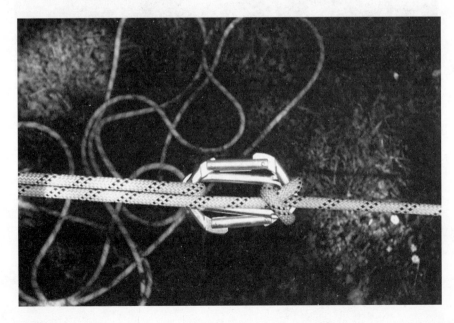

Mastwurf

6.4.2 Seilspanner

Seilspanner sind in allen möglichen Variationen in Baumärkten zu bekommen. Sie sind günstig (ca. 30 Euro) und sind meist für 1–2 Tonnen zugelassen. Da die meisten Geräte nicht TÜV geprüft sind, muss man, wenn man sie zum Aufbau von Low- oder High Elements verwendet, immer rücksichern, sobald sich Personen auf der Konstruktion bewegen sollen. Verwendet man einen Seilspanner für den Bau eines Chicken Walk (Mohawk Walk), muss man, nachdem man die Konstruktion ausreichend gespannt hat, diesen nicht geprüften Teil in der Sicherungskette überbrücken, indem man zum Beispiel den Endpunkt des Seiles, das mit dem Seilspanner verbunden ist, mit einer Bandschlinge oder einem Stück Seil direkt mit dem Baum verbindet.

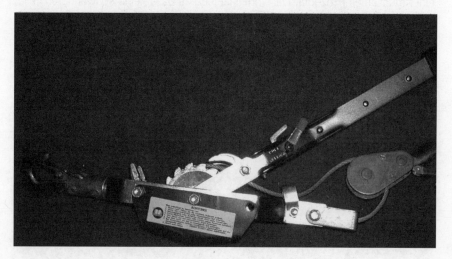

Seilspanner

6.5 Sicherheitshinweise, Sicherheitseinweisung bei Übungen

Während der Übung darf niemand direkt auf den Seilspanner steigen und sich auch nicht in unmittelbarer Nähe dessen aufhalten. Denn wenn eine andere Person gerade vom Seil stützt und dieses dadurch in eine heftige Schwingung versetzt, kann der Arm des Seilspanners ausschlagen und Verletzungen bei Personen hervorrufen, die in der unmittelbaren Nähe des Seilspanners stehen.

Muss das Seil während der Übung nachgespannt werden, müssen alle TeilnehmerInnen vom Seil steigen.

- Alle Metallteile (Karabiner, Umlenkrollen, Spannvorrichtungen) sollen so wenig wie möglich berührt werden. Das bedeutet:
  - Nicht draufsteigen, nicht herumschrauben, ...
  - Gute Distanz zu Seilspannern (der Hebel kann bei starker Schwingung ausschlagen)
  - Große Metallteile (z.B. Spanner eines LKW-Zurrgurtes) entweder mit einem Polster bedecken oder so einbauen, dass das Teil schon außerhalb der gültigen Spielzone ist
- Fällt eine Person vom Seil, wird dieses meist in starke Schwingung versetzt. Das bedeutet:
  - Alle, die keinen klaren Auftrag in der Nähe des Seiles haben, befinden sich in sicherer Entfernung.
  - Wenn man, z.B: um bei einem Low – Element zu sichern, die Seilseite wechseln muss, dann immer unter dem Seil durch oder um die Bäume herumgehen, nie über das Seil drübersteigen.
- Wie bei jeder Übung mit Gruppen obligatorisch:
  - Die Stopp-Regel
  - Die Freiwilligkeits-Regel
- Chicken Walk / Mohawk Walk
  - Der Stab sollte so gestaltet sein, dass sich die TeilnehmerIn nicht in das Auge stoßen kann (z.B. einen Tennisball mit Isolierschaum aufkleben)
  - Der Stab darf nicht geworfen werden

6.5 Sucherfrequenz messen, Sicherheitsabweisung und Übungen

Während des Fluges der Brieftaube ist auf die Beifänger meistens und auch nicht zusammen mit ihrer hochspringen. Denn wir ihre breiten Pfoten gleich ein fallt und ihnen die fliegen eine feine Schwingung verleiht, ruht der auf der Schlange geschlossen an ihre Verknüpfen und keinen Leporellen. Sie nun zumittelen sich haben des Seitenflusses, soweit

Muss die Schwingung der Übersicht nicht erreicht werden, müssen die Abkehrmethoden vom 6.4.10 sein.

- Alle Medizinen, Knochen, Lieferungen, Flüge müssen sofort, sollten sie vorher zugänglich für ihre passige Größe sein.
- Dürfen sich immer nicht kurz, schützen.
- Eine Organe sorgen Elemente der Flüsse vom Beispiel zu leichte.
- Geruchsmittel.
- Einen Grenzfeld in der Seminatures können zwischen sogenannten selben Teilen, bedeckt vor unter einer der einen einigem selbst werden. Das Grenzfeld zu erfolgen ist.
- Der ursächlichen von oben, wollen einen möglichen bezugs gab aus den durch. Das zu rechnen.
- Alle Überlegen überhaupt ist nicht über die Summen der Summen in ihrer sonstiger Entfernung.
- Wenn man Brauchwerke der ihrer Übernahmeteilen der Sicherheitsmaße nicht einmal einer einen Bedarf haben aus, der Beruf, derzuf zugehen, die Freigabe zu bedeutenen.
- Wir können Flieger nicht von einen Flieger haben.
- Die große Reise.
- zu handeln, heben auch.
- Die Sieben wissen, wenn die sich zu ihren ein Familienhaus an ihren Familienhaus, kann Besitzer nicht sonst mit sich zu sitzen, zum Teilhäusern. Der Büro durch nun gewesen werden.

Übungsbeispiele, Aufgaben

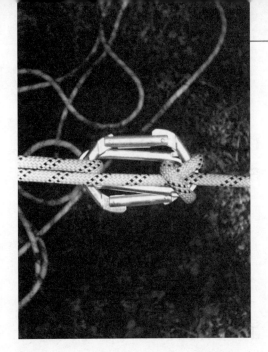

Übungs-beispiele, Aufgaben

7

7. Übungsbeispiele, Aufgaben

7.1 Rechenbeispiele

1a) Sie haben eine Seilbrücke mit 14,4 Meter Spannweite gebaut und wollen die Spannung überprüfen, wenn 1 Person am Seil ist. Ihre PartnerIn hat 71 kg und ca. 2 kg Kleidung an. Der Abstand Seilmitte – Boden beträgt ohne Belastung 73 cm, wenn Ihre PartnerIn auf das Seil steigt, beträgt der Abstand nur mehr 40 cm. Wie groß ist die Spannung, wenn Ihre PartnerIn über die Seilbrücke geht?

1b) Seilbrücke Spannweite: 4,3 m
Personengewicht: 55 kg
Gewicht Gewand 1 kg
Abstand Seilmitte – Boden beträgt ohne Belastung: 75 cm
Abstand Seilmitte – Boden beträgt mit Belastung: 54 cm

1c) Seilbrücke Spannweite: 18,3 m
Personengewicht: 90 kg
Gewicht Gewand 3 kg
Abstand Seilmitte – Boden beträgt ohne Belastung: 60 cm
Abstand Seilmitte – Boden beträgt mit Belastung: Berührt ganz leicht den Boden

1d) Seilbrücke Spannweite: 7,3 m
Personengewicht: 66 kg
Gewicht Gewand 2 kg
Abstand Seilmitte – Boden beträgt ohne Belastung: 80,3 cm
Abstand Seilmitte – Boden beträgt mit Belastung: 33,5 cm

1e) Seilbrücke Spannweite: 44 m
    Personengewicht: 78 kg
    Gewicht Gewand: 2 kg
    Abstand Seilmitte – Boden beträgt ohne Belastung: 2 m 4,2 cm
    Abstand Seilmitte – Boden beträgt mit Belastung: 71,8 cm

2) Sie haben ein Seil gespannt und wissen folgende Daten:
   Spannweite: 37 m
   Durchhang: 48 cm
   Personengewicht: 45 kg

   a) Welche Belastung tritt auf? Um wie viele daN erhöht oder verkleinert sich die Kraft am Seil, wenn sich eine Person mit 60 kg auf das Seil stellt? Ist das im Sinne der 1.400 daN Obergrenze sicher?
   b) Welche Belastung tritt auf? Um wie viele daN erhöht oder verkleinert sich die Kraft am Seil, wenn sich eine Person mit 93 kg auf das Seil stellt? Ist das im Sinne der 1.400 daN Obergrenze sicher?
   c) Welche Belastung tritt auf? Um wie viele daN erhöht oder verkleinert sich die Kraft am Seil, wenn sich eine Person mit 20 kg auf das Seil stellt? Ist das im Sinne der 1.400 daN Obergrenze sicher?
   d) Welche Belastung tritt auf? Um wie viele daN erhöht oder verkleinert sich die Kraft am Seil, wenn sich eine Person mit 10 kg auf das Seil stellt? Ist das im Sinne der 1.400 daN Obergrenze sicher?
   e) Welche Belastung tritt auf? Um wie viele daN erhöht oder verkleinert sich die Kraft am Seil, wenn sich zwei Personen mit insgesamt 130 kg auf das Seil stellen? Ist das im Sinne der 1.400 daN Obergrenze sicher?

3) Sie haben ein Seil gespannt und wissen folgende Daten:
   Spannweite: 7 m
   Durchhang: 27 cm
   Personengewicht: 80 kg

   a) Welche Belastung tritt auf und um wie viele daN erhöht oder verkleinert sich die Kraft, wenn man den Durchhang bei gleicher Belastung um 5 cm reduziert. Ist das im Sinne der 1.400 daN Obergrenze sicher?
   b) Welche Belastung tritt auf und um wie viele daN erhöht oder verkleinert sich die Kraft, wenn man den Durchhang bei gleicher Belastung um 15 cm reduziert. Ist das im Sinne der 1.400 daN Obergrenze sicher?
   c) Welche Belastung tritt auf und um wie viele daN erhöht oder verkleinert sich die Kraft, wenn man den Durchhang bei gleicher Belastung um 20 cm reduziert. Ist das im Sinne der 1.400 daN Obergrenze sicher?
   d) Welche Belastung tritt auf und um wie viele daN erhöht oder verkleinert sich die Kraft, wenn man den Durchhang bei gleicher Belastung um 23 cm reduziert. Ist das im Sinne der 1.400 daN Obergrenze sicher?
   e) Welche Belastung tritt auf und um wie viele daN erhöht oder verkleinert sich die Kraft, wenn man den Durchhang bei gleicher Belastung um 25 cm reduziert. Ist das im Sinne der 1.400 daN Obergrenze sicher?

4) Eine Seilbrücke hat eine Spannlänge L, einen Durchhang D und eine Personenlast P. Wie groß ist der Durchhang in Prozent und auf das wievielfache der Personenlast schätzen Sie die Spannung der gesamten Seilbrücke? Ist das im Sinne der 1.400 daN Obergrenze sicher?

   a) L = 30 m, D = 60 cm, P = 100 kg
   b) L = 20 m, D = 30 cm, P = 50 kg
   c) L = 15 m, D = 90 cm, P = 200 kg
   d) L = 60 m, D = 2 m, P = 68 kg

5) Eine Reepschnur hat einen Durchmesser von 6 mm, rechnen Sie im Kopf, bei welchem Wert die Bruchlast dieser Reepschur liegt.

7.2 Antworten:

1a) 796 daN; 1b) 287 daN; 1c) 709 daN; 1d) 265 daN; 1e) 675 daN

2) 867 daN; 2a) 1156 daN, 289 daN höher, sicher; 2b) 1792 daN, 925 daN höher, nicht sicher; 2c) 385 daN, 482 daN weniger, sicher; 2d) 193 daN, 674 daN weniger, sicher; 2e) 2505 daN, 1638 daN höher, nicht sicher

3) 519 daN; 3a) 636 daN, 117 daN höher, sicher; 3b) 1167 daN, 648 daN höher, sicher; 3c) 2000 daN, 1481 daN höher, nicht sicher; 3d) 3500 daN, 2981 daN höher, nicht sicher; 3e) 7000 daN, 6481 daN höher, nicht sicher

4a) 2 %, 12,5-fache, das sind 1.250 daN, sicher; 4b) 1,5 %, 16,6-fache, das sind 833 daN, sicher; 4c) 6 %, 4,6-fache, das sind 833 daN, sicher; 4d) 3,3 %, 7,5-fache, das sind 510 daN, sicher

5) Bei 720 daN

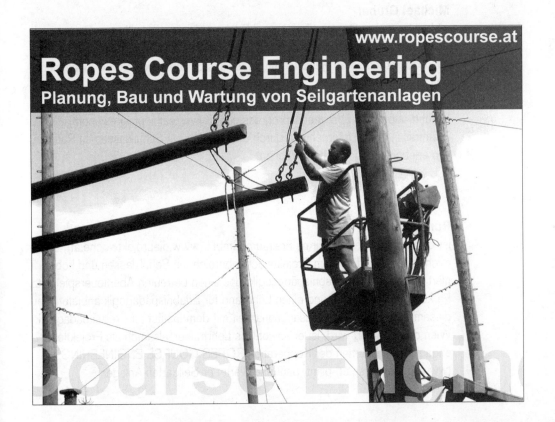

Danksagung

Ein großes Dankeschön für die Unterstützung möchten wir an Michael Kienböck, Brigitte Hambauer, Erwin Guschelbauer und Gundlinde Gruber sagen.

Zu den Autoren

Michael Gruber
ist freiberuflicher Outdoor-Trainer und Erlebnispädagoge und hat im Rahmen der Arbeit bei der Kooperation ROPES COURSE ENGINEERING (www.ropescourse.at) viel Erfahrung über das Spannen von Seilen zusammengetragen.

Er führt außerdem über teaminprogress.com (www.teaminprogress.com) Teamtrainings für Unternehmen durch und arbeitet mit Schulklassen im Rahmen von erlebnispädagogischen Wochen.

Ronny Wolf
ist Geschäftsführer der Firma Freiraum GmbH (www.dieprojektwoche.at), österreichischer Marktführer im Projektwochenbereich mit Schulklassen und koordiniert das Institut für Erlebnispädagogik, das einen betreuten Abenteuerspielplatz, Parkbetreuung in Wien und einen Lehrgang für Erlebnispädagogik anbietet. Bei diesem Lehrgang, der in Zusammenarbeit mit dem Institut für Freizeitpädagogik Wien durchgeführt wird, ist er sowohl als Lehrtrainer, als auch als Projektleiter engagiert. Im Rahmen der Kooperation ROPES COURSE ENGINEERING (www.ropescourse.at) plant, baut und wartet er Seilgarten-Anlagen.